WIEN
WIRD
WELT

HG. MICHAELA PFUNDNER

DIE RINGSTRASSE UND IHRE ZEIT

STADT

METROVERLAG

Österreichische Nationalbibliothek

Inhaltsverzeichnis

Vorwort

Im Dezember 1857 beschloss Kaiser Franz Joseph ein mutiges städtebauliches Großprojekt, das die Struktur Wiens bis heute wesentlich bestimmt. Die alten Befestigungsanlagen und das Glacis um den Stadtkern sollten beseitigt werden und einem großzügigen Boulevard weichen. Vor 150 Jahren, am 1. Mai 1865, konnte die „Ringstraße" bereits feierlich eröffnet werden. Damit war nicht nur eine längst notwendige Öffnung hin zu den sich dynamisch entwickelnden Vororten Wiens erreicht, sondern auch ein attraktiver Freiraum für repräsentative Neubauten geschaffen, die entlang der neuen Prachtstraße in den nächsten Jahrzehnten entstanden. Die großen, im Stile des Historismus erbauten öffentlichen Repräsentationsgebäude wie Votivkirche, Universität, Rathaus, Parlament, Burgtheater, die beiden großen Museen, die Neue Hofburg, die Oper, bis zum ehemaligen Kriegsministerium und dem berühmten Postsparkassengebäude Otto Wagners prägen das Aussehen der Stadt nach wie vor. Dazu kamen eine Vielzahl an privaten Prunkpalais und großzügige Grünanlagen. Nicht zu vergessen sind wichtige infrastrukturelle Maßnahmen wie der Bau der beiden Wiener Hochquellwasserleitungen, die Wien noch immer mit erstklassigem Trinkwasser versorgen, die Regulierung des Wienflusses und der Bau der Stadtbahn im Rahmen des „Generalregulierungsplans", mit dessen Umsetzung Otto Wagner beauftragt wurde.

Die weitreichende Neugestaltung und Modernisierung Wiens in der zweiten Hälfte des 19. Jahrhunderts ist in der langen Geschichte der Stadt wohl beispiellos. Sie ermöglichte ihren Aufstieg zu einem modernen Kultur- und Wirtschaftszentrum: Wien wurde Weltstadt. Die Ausstellung im Prunksaal der Österreichischen Nationalbibliothek dokumentiert diese entscheidende Epoche städtebaulicher Erneuerung anhand einer Vielzahl historischer Quellen aus ihren Sammlungen. Dazu gehören die stimmungsvollen Aquarelle Emil Hütters knapp vor dem Abriss der Basteien und historische Fotos wie die des berühmten österreichischen Expeditionsfotografen Wilhelm Burger. Einen interessanten Einblick geben auch Zeitungsberichte, die die durchaus ambivalente Aufnahme dieser drastischen Veränderungen in der Wiener Bevölkerung widerspiegeln. Ein besonders interessantes Dokument ist auch das bisher unveröffentlichte Manuskript eines Wiener Gerichtsbeamten aus dem Jahr 1866, der einem Freund in der Steiermark über die Veränderungen Wiens aus sehr persönlicher Sicht berichtete.

Wien ohne Ringstraße ist für uns heute nicht mehr vorstellbar: Sie wurde zum zentralen Kern des historischen Stadtbildes.

Dr. Johanna Rachinger
Generaldirektorin der Österreichischen Nationalbibliothek

Abb. 1:
Dach der Oper während der Arbeit an der Eisenkonstruktion, um 1865

Abb. 2: Äußeres Burgtor, vor 1850

MICHAELA PFUNDNER

Einleitung

Über Jahrhunderte dienen die Basteien und das davorliegende Glacis als beliebtes Erholungsgebiet für die BewohnerInnen Wiens. Die hohen Mauern der Befestigungen bieten einen guten Ausblick, aus den Vorstädten hingegen hat man ein beeindruckendes Panorama der von den mächtigen Basteien umgebenen Stadt.

Während der Napoleonischen Kriege 1809 werden die Burgbastei und das alte Burgtor gesprengt. 1824 kommt es zur Errichtung eines neuen äußeren Burgtores, aber eine neue Bastion erscheint auch aus militärischen Überlegungen sinnlos. Die freie Fläche, der heutige Heldenplatz, wird eingeebnet und lädt als Parkanlage zum Flanieren ein. Bereits zu dieser Zeit existieren Pläne zur Erweiterung der Inneren Stadt, etwa von dem Architekten Ludwig Förster, die aber nicht über das Papierstadium hinausgehen und unter anderem am Widerstand des Militärs scheitern.

Im Rahmen der kommunalen Stadterweiterung von 1850 verschmelzen die Stadt und die Vorstädte zu einer administrativen Einheit, die Basteien werden nun zunehmend als Verkehrshindernis empfunden.

Aufgrund eines kaiserlichen Handschreibens vom 20. Dezember 1857 („Es ist mein Wille …“) über die geplante Erweiterung der Inneren Stadt Wien kommt es zu einem Wettbewerb, an dem die renommiertesten Architekten Europas teilnehmen. Von den insgesamt 85 anonym eingereichten Entwürfen werden die Projekte von Friedrich Stache, Ludwig Förster und August von Sicardsburg / Eduard van der Nüll als die besten drei ausgezeichnet.

Da jedoch keines der eingereichten Konzepte allen Anforderungen der Ausschreibung gerecht wird, kommt es zur Umsetzung der geeignetsten Entwürfe und Ideen aus diesen drei prämierten Projekten. Im September 1859 wird der „allerhöchste Grundplan“ von Kaiser Franz Joseph genehmigt.

Abb. 3: „Friedrich Stache's Project für die Umgestaltung der k.k. Residenzstadt Wien nach Abtragung der Wälle.", 1859

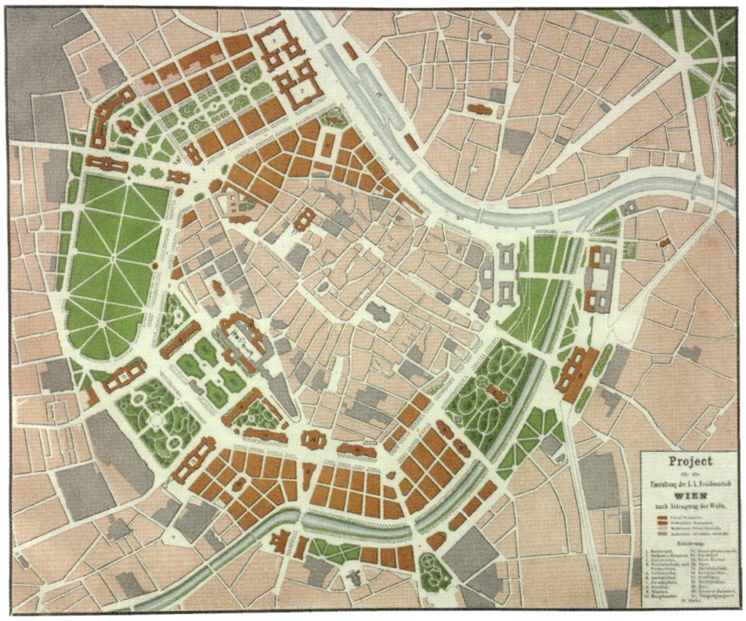

Abb. 4: „Project für die Umgestaltung der k.k. Residenzstadt Wien nach Abtragung der Wälle.", 1859
Eduard van der Nüll/August von Sicardsburg

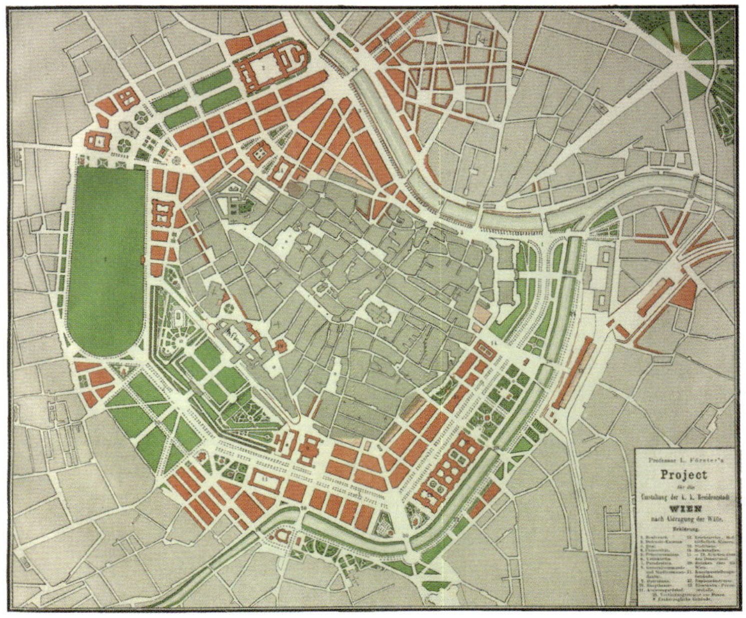

Abb. 5: „Professor L. Förster's Project für die Umgestaltung der k.k. Residenzstadt Wien nach Abtragung der Wälle.", 1859

Eine Stadterweiterungskommission wird eingesetzt, die den Verkauf von parzellierten Grundstücken der Ringstraßenzone an private Bauinteressenten organisiert. Mit den durch diese Verkäufe eingenommenen Geldern sollen im Gegenzug die öffentlichen Monumentalbauten errichtet werden.

Ende März 1858 beginnt man bereits mit der Demolierung der Basteien, die nun in jedem Fall weichen müssen. Die tägliche Arbeitszeit der an der Abtragung der Stadtmauern beschäftigten ArbeiterInnen beträgt bis zu 18 Stunden, oft wird noch um Mitternacht bei Fackelbeleuchtung mit Krampen und Schaufel abgerissen.

Bei der Eröffnung der Ringstraße am 1. Mai 1865 ist nur der Umkreis vom Burgtor bis zum ehemaligen Stubentor vor allem mit Privathäusern verbaut. Die anderen Bereiche der Ringstraße sind zwar trassiert und mit Bäumen bepflanzt, aber es gibt noch große Baulücken. Die heute bekannten Pracht-

Folgen der Stadterweiterung.

Großes Preisrennen der Architekten.

Die Hausherren, resp. Haustyrannen, suchen ihren besten Freund zurückzuhalten, welcher sie in Folge der Stadterweiterung verlassen muß.

Die Herren Hausmeister vor und nach der Stadterweiterung.

Die Wohnungswucherer ergreifen andere Beschäftigungen.

Eigenthümer und verantwortlicher Redakteur: R. von Waldheim. — Druck von J. B. Wallishausser.

Abb. 6: „Folgen der Stadterweiterung"
Figaro, 24. Jänner 1858

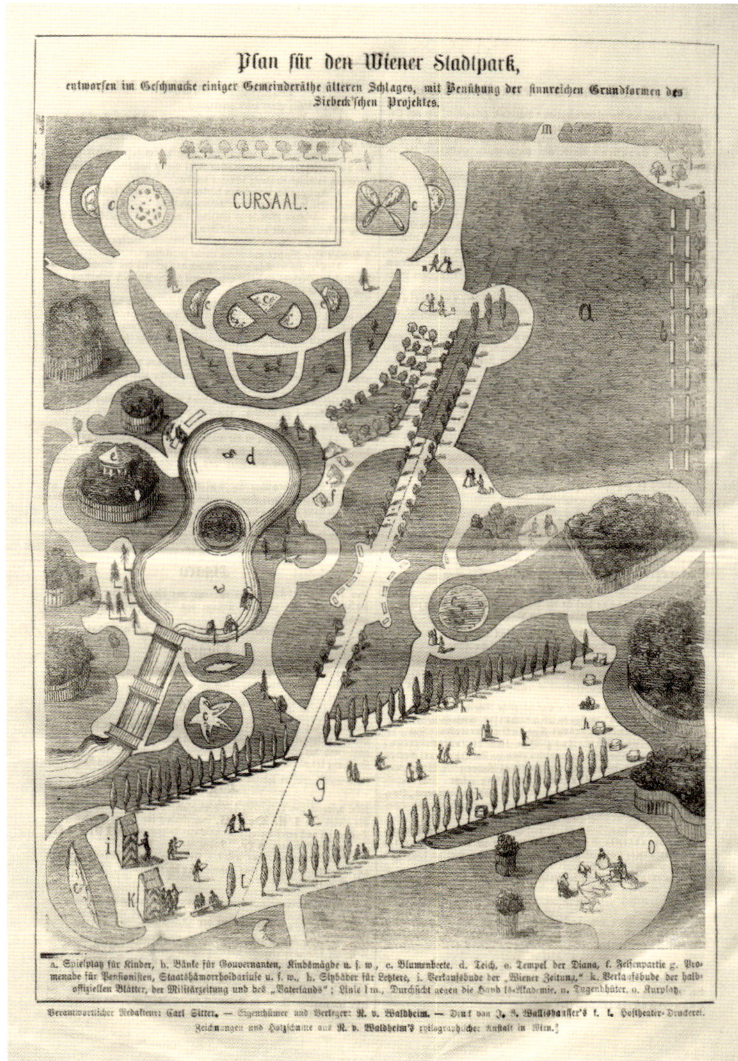

Abb. 7: „Plan für den Wiener Stadtpark."
Figaro, 14. Dezember 1861

bauten wie Parlament, Burgtheater, Rathaus und Universität sind noch nicht errichtet, da der Paradeplatz am Josefstädter Glacis vom Militär nicht zur Bebauung freigegeben ist. Die Ringstraße bleibt noch über Jahre hinweg eine Großbaustelle. Der Abschluss der Bastei-Demolierung erfolgt erst 1874 und als letzter Bau der Ringstraße wird 1913 das Kriegsministerium am Stubenring eröffnet.

Zahlreiche berühmte Architekten wie Theophil Hansen, Heinrich Ferstel oder Friedrich Schmidt drücken der Ringstraße ihren Stempel auf und tragen bis heute zum unverwechselbaren Flair dieses Prachtboulevards bei.

Die hervorragendsten Künstler der Monarchie ebenso wie begabte Dilettanten, Genremaler, Fotografen, Karikaturisten und Lokalschriftsteller sind Zeitzeugen dieses Umbruchs und dokumentieren die Transformation Wiens in eine Weltstadt auf vielfältige Weise.

Bekannte und vielgelesene Feuilletonisten wie Daniel Spitzer (der „Wiener Spaziergänger", *Die Presse*) zeichnen mit ihren lebendig geschriebenen Kolumnen ein sehr plastisches Bild der zeitgenössischen Meinung zur Stadterweiterung und zu den damit verbundenen Veränderungen Wiens. Pointiert greifen sie Themen auf, die die Bevölkerung beschäftigen und machen sie zum Gegenstand ihrer meist brillant geschriebenen und oft scharfzüngigen Feuilletons. Auch zahlreiche Karikaturen in den damals erscheinenden Satirezeitungen „Figaro" und „Die Bombe" beschäftigen sich mit dem Thema Stadterweiterung.

Neben diesen publizierten zeitgenössischen Berichten gibt es vereinzelt auch private Zeugnisse wie jenes eines Wiener Gerichtsbeamten, der sehr ausführlich die Veränderungen Wiens bis zum Jahr 1866 schildert. Schindlers Zeugenbericht wird im Rahmen dieser Publikation erstmals der Öffentlichkeit zugänglich gemacht.

An der Ringstraße entstehen zahlreiche Palais für das neuerstarkte Großbürgertum, das sich bewusst an diesem imperialen Boulevard ansiedelt, der ihrem Repräsentationsbedürfnis entgegenkommt. Der Adel meidet, bis auf wenige Ausnahmen, die Ringstraße und polemisiert gegen die seiner Ansicht nach protzigen Bauten.

In den Beletagen der Hausbesitzer finden Salons statt, die überwiegend von den Ehefrauen geführt werden. Dort kommt es zum zwanglosen und fruchtbaren Zusammentreffen bedeutender Vertreter von Kunst, Kultur, Wissenschaft, Diplomatie und Wirtschaftswelt.

Zahlreiche Vertreter dieser Ringstraßengesellschaft investieren Geld und Zeit in die Verschönerung des Nobelboulevards. Der böhmische Großindustrielle Friedrich Leitenberger wird zum Mäzen bildender Künstler. Der Bankier Friedrich Schey von Koromla lebt in einem der schönsten und kostspieligsten Ringstraßenpalais und ist ein Förderer von Musikverein und Künstlerhaus.

Im Rahmen der Weltausstellung 1873 möchte sich Wien als moderne und innovative Großstadt präsentieren. Auf der Ausstellungsfläche im Prater ist neben zahlreichen Pavillons in unterschiedlichen historischen Baustilen vor allem die imposante Rotunde ein Wahrzeichen der Ausstellung. Zahlreiche Hotels – vor allem auf der Ringstraße – rüsten sich, um die zu erwartenden BesucherInnen aufnehmen zu können. Insgesamt sind etwa 53.000 Aussteller aus unterschiedlichsten Ländern und Sparten vertreten, davon allein ca. 9.000 aus der österreichisch-ungarischen Monarchie. Zahlreiche Ehrengäste kommen zur Weltausstellung, darunter der deutsche Kaiser und der italienische König, der russische Zar und der Schah von Persien. Man rechnet mit 20 Millionen BesucherInnen, gezählt werden jedoch nur sieben Millionen. Als Gründe dafür gelten der Börsenkrach und die Choleraepidemie, die während der Weltausstellung ausbricht. Die Weltausstellung geht mit einem finanziellen Defizit zu Ende.

Die Trinkwasserqualität in Wien ist schon seit Jahren unzureichend und es kommt immer wieder zu Typhus- und Choleraausbrüchen. Bereits 1861 wird der Bau einer neuen Wasserleitung ausgeschrieben. Nach Installierung einer Wasserversorgungskommission und umfangreichen Vorarbeiten beginnen 1870 die Bauarbeiten im Gebiet von Rax und Schneeberg. Die Eröffnung findet am 24. Oktober 1873 durch die Inbetriebnahme des Hochstrahlbrunnens am Schwarzenbergplatz statt. Zehn Jahre danach sind bereits 80 Prozent der Wiener Haushalte innerhalb des Linienwalls (dem heutigen Gürtel) an das Netz der Hochquellenwasserleitung angeschlossen. Aufgrund der Bevölkerungszunahme in den folgenden Jahrzehnten ist die

Abb. 8: Rotunde und Ausstellungsgelände der Weltausstellung 1873
Farbdruck nach Aquarell von Franz Alt

Wasserversorgung schon bald nicht mehr optimal gewährleistet und es bedarf einer Zweiten Hochquellenwasserleitung, die 1910 eröffnet wird.

Aus allen Teilen der Monarchie findet ein starker Zuzug nach Wien statt. Ärmere Bevölkerungsschichten lassen sich überwiegend außerhalb des Linienwalls nieder, der 1704 ursprünglich zur Abwehr ungarischer Aufständischer errichtet wird. Damit bildet der Linienwall auch eine soziale Barriere. Firmen und Fabriken siedeln sich ebenfalls außerhalb der Linie an und bieten Arbeitsmöglichkeiten für Zuwanderer. Auf die schlechten Arbeitsbedingungen der ZiegelarbeiterInnen

Abb. 9: Blick über die Belvedere-Linie auf die Südfront des Belvedere, um 1880

Abb. 10: Lehmgrube am Wienerberg, um 1900

am Wienerberg macht erstmals Viktor Adler 1888 in seinen aufrüttelnden Reportagen aufmerksam.

1892 werden im Rahmen einer zweiten Stadterweiterung die Vorstädte außerhalb des Linienwalls eingemeindet, ein öffentlicher Wettbewerb für einen Generalregulierungsplan für Wien wird ausgeschrieben. Als eine zentrale städteplanerische Aufgabe sieht man den Ausbau der seit 1873 bestehenden Gürtelstraße als „Ringstraße der Vorstädte". Im darauffolgenden Jahr wird die Abtragung des Linienwalls beschlossen und in den kommenden fünf Jahren eingeebnet.

Abb. 11: Wienflussregulierung im Abschnitt Operngasse/Kärntner Straße. Blick über den hölzernen Notsteg an Stelle der Elisabethbrücke gegen die Kärntner Straße, 1898

Unter Bürgermeister Lueger werden schließlich zahlreiche städtebauliche Maßnahmen gesetzt, die den weiteren Ausbau Wiens zur Metropole fördern. Diese Vorstöße dienen der Verbesserung der Infrastruktur und prägen bis heute das Wiener Stadtbild. Der Wienfluss wird in ein tiefes, künstliches Bett geleitet, um immer wieder auftretende Überschwemmungen zu vermeiden. Zahlreiche Brücken, wie die Elisabeth- oder Stubenbrücke, werden abgetragen. Hand in Hand mit dieser Regulierung geht der Stadtbahnbau, der in den Jahren 1898 bis 1901 realisiert wird.

Lueger kommunalisiert die Gas- und Elektrizitätswerke sowie die Tramwaygesellschaft, lässt Krankenhäuser, zahlreiche Kindergärten, Schulen und Bäder erbauen und fördert den Bau der bereits angesprochenen Zweiten Wiener Hochquellenwasserleitung.

Als ein Preisträger des schon erwähnten „Generalregulierungsplans“ geht der bekannte Architekt Otto Wagner hervor. Wagner wird damit zum Schöpfer der zum Teil bis heute bestehenden Bauten der damaligen Stadtbahn.

Abb. 12: Stadtbahnstation Stadtpark, um 1900

STADTPARK
STADTPARK
640.

Das Postsparkassenamt wird 1904 bis 1906 ebenfalls nach seinen Plänen auf dem Gelände der ehemaligen Franz-Joseph-Kaserne erbaut. Die Postsparkasse gilt heute als das Hauptwerk Otto Wagners und als eines der berühmtesten Gebäude des Jugendstils in Wien und eines der innovativsten Bauwerke der Jahrhundertwende.

Diesem Gebäude gegenüber wird 1909 bis 1913 das k. u. k. Kriegsministerium des Architekten Ludwig Baumann in konservativem, rückwärtsgewandtem Stil als letztes monumentales Gebäude der Ringstraße errichtet. Auf Wunsch von Thronfolger Franz Ferdinand wird auf der Fassade des Ministeriums ein Doppeladler mit einer Flügelspannweite von 15 Metern und einem Gewicht von 40 Tonnen angebracht. Damit bildet dieses riesige Bauwerk einen architektonischen Kontrapunkt zur vis-à-vis befindlichen Jugendstilfassade der Postsparkasse.

Wie kein anderes städtebauliche Vorhaben markiert der Bau der Wiener Ringstraße den Einbruch der Moderne und den Übergang Wiens von einer biedermeierlichen Idylle zu einer europäischen Metropole.

Von den eingesessenen BewohnerInnen wird dieser Veränderungsprozess zum Teil als Bedrohung wahrgenommen. Im Konflikt zwischen „Demolierern“ und „Bewahrern“ treffen nostalgische Blicke auf die Vergangenheit und argumentatives und radikales Eintreten für einen Aufbruch aufeinander.

Auf der anderen Seite wird Wien zum Schmelztiegel der Nationalitäten – als Utopie und Anziehungspunkt, ein Weg in Richtung Globalisierung.

Mit der Stadterweiterung startet die imperiale, aber auch gleichzeitig die liberal-großbürgerliche Umgestaltung Wiens zum urbanen Zentrum der Habsburger-Monarchie, die Ringstraße dient als Repräsentationsraum von alter Aristokratie und neuem Bürgertum.

Abb. 13: Postsparkassenamt am Georg-Coch-Platz, 1912
Österreichische Lichtbildstelle

Abb. 14: Niklas Meldeman, Rundplan von Wien, 1529/30

FERDINAND OPLL

Das Panorama als Sichtweise des 19. Jahrhunderts

Blickt man in das heute weltweit am meisten genutzte Online-Lexikon, die Wikipedia, so schlägt sie nicht weniger als 19 Artikel zum Begriff „Panorama" vor.

Uns interessiert der zum Thema „Panorama (Kunst)". Es sei erlaubt, unter zusätzlichem Rückgriff auf das Standardwerk von Stephan Oettermann[1] über das Panorama daraus zu zitieren: „Panorama ist ein Kunstwort, zusammengesetzt aus den griechischen Wörtern *pan* (alles) und *horama* (sehen), das eine perspektivische Darstellung von Landschaften oder Ereignissen beschreibt, die von einem festen Punkt aus von mehreren Personen gleichzeitig zu übersehen sind. Sind die Bilder feststehend, so werden die zylindrischen Flächen als Rundbilder oder Rundgemälde bezeichnet (oder auch als Cyclorama), zu deren Betrachtung sich der Beschauer in der Mitte befindet. Varianten ohne eine 360°-Sicht, dafür mit beweglichen Bildstreifen oder Längenbilder in der Art des Rheinpanorama bezeichnet man als Moving Panorama."

Im 19. Jahrhundert stehen Cycloramen und plane Bildstreifen, gerne als Leporello ausgeführt, im Vordergrund. Heute erfreut sich Panoramafotografie großer Beliebtheit. Insbesondere die Darbietung von Panoramabildern innerhalb runder Gebäude hat entscheidend dazu beigetragen, die hohe Attraktivität beim Publikum bis heute zu bewahren. Diese Beliebtheit ist jüngst stark mit den Installationen des in Wien geborenen Künstlers Yadegar Asisi verbunden, der mit der Nutzung von aufgelassenen Gasometern in Dresden und Leipzig die sogenannten „Panometer"[2] schuf.

Schon 1992 wurde im ungarischen Szeged eine Organisation von Panoramabegeisterten ins Leben gerufen, die seither zu einem weltweiten Netzwerk ausgebaut wurde. Im Fokus dieser seit 2003 als „International Panorama Council" (IPC) agierenden Plattform stehen sowohl die historischen wie die zeitgenössischen Ausprägungen des Kunst- und Medienphänomens Panorama. Tagungen der IPC finden jährlich statt, zuletzt 2014 im bayerischen Altötting.[3]

Abb. 15: Wenceslaus Hollar, Long View of London from Bankside, 1647

Den eingangs angesprochenen Kunstformen des Panoramas[4] ging die Bewusstwerdung der natürlichen Rundumsicht voraus, die ihrerseits wieder der Erfahrung des Horizonts folgte. Es war im 15. Jahrhundert, als sich mit der Weitung des Blicks im Gefolge ausgedehnter Seefahrten, zugleich mit dem verstärkten Interesse für das antike Erbe aus Natur- und Geisteswissenschaften, Kunst und Wissenschaft, zusehends neue Methoden, neue Möglichkeiten und Perspektiven entwickelten. Bedeutende Beispiele für frühe Panoramen des Renaissancezeitalters – beide im Übrigen „Stadtpanoramen“[5] – sind:

1. der Rundplan des von den Osmanen belagerten Wien von Niklas Meldeman (1529/30), aufgenommen vom Stephansturm in alle Himmelsrichtungen, sowie
2. die Rundansicht der Stadt Straßburg von Conrad Schwebel, genannt Morant (gest. vor 1563) von 1547/48, die vom Dach der Vorderseite des Straßburger Münsters aufgenommen wurde.[6]

Nach diesen frühen Beispielen lassen sich für Wien länger keine weiteren Panoramen nachweisen, anderswo jedoch wurden weiterhin solche Bildwerke geschaffen: Für London ist dabei auf die „Long View“ des gebürtigen Pragers Wenceslaus Hollar vom Turm der Southwark Cathedral (in Bankside, südlich der Themse) hinzuweisen, das 1647 in Antwerpen als Kupferstich erschien.[7] Derartige Werke mit exorbitanten Längen von mehreren Metern waren schwierig zu präsentieren. Daneben gab es auch kleinere Formen, Taschenpanoramen, die entweder in eine Perspektivbüchse eingelegt oder um einen hölzernen Handgriff aufgerollt wurden. Ein Beispiel ist die „Ansicht der neuen Kirche in Delft“ des Zeitgenossen

Abb. 16: Jacob Hoefnagel, VIENNA AVSTRIAE (Vogelschau von Wien von Norden), 1609

Abb. 17: Perspektivkarte der Umgebung Wiens. Südliche Umgebung mit Mödling und Laxenburg, um 1835 Franz Xaver Schweickhardt

Rembrandt, Carel Fabritius (um 1622–1654),[8] oder – zwei Jahrhunderte später – das 1814 entstandene „Panorama de Lausanne avec ses environs“ von Georg Adam[9].

Für Wien wie für viele andere Städte sollte lange Zeit eine andere Darstellungsform für den Gesamtblick auf das städtische Gefüge im Vordergrund stehen, die Schrägansicht beziehungsweise die Vogelschau. Prominente Beispiele dafür finden sich nicht nur in den Städtebüchern von Georg Braun und Franz Hogenberg oder Matthäus Merian, sondern auch als Einzeldarstellungen wie die Kupferstiche des Jacob Hoefnagel von 1609 und des Joseph Daniel Huber von 1769/73. Auch im 19. Jahrhundert waren Vogelschauen beliebt, wie die „Perspectiv-Karte von Niederösterreich“ des Franz Xaver Joseph Schweickhardt beweist.

Noch im Universal-Lexikon des Johann Heinrich Zedler kommt das Wort „Panorama“ nicht vor.[10] Fündig wird man dann in der 242 Bände umfassenden Enzyklopädie des Johann Georg Krünitz.[11] Als Erfinder wird hier der irische Maler Robert Barker genannt. Am 19. Juni 1787 meldete er seine Erfindung unter dem Begriff „nature at a glance“ in Edinburgh zum Patent an. Von Anfang an unterschied sich die Panoramenmalerei von der sonstigen Landschaftsmalerei dadurch, dass bei Ersterer größter Wert auf Exaktheit und Komplettheit der Aufnahme gelegt wird, während für die Landschaftsmalerei die individuelle Bestimmung (Auswahl) durch den Künstler das Bild erst konstituiert und prägt. In London sollte Barker bald Erfolg haben, und 1791 fertigte er ein Rundgemälde der Stadt vom Dach der Albion-Mühlen aus an. 1793 wurde am Leicester Square eine Rotunde mit 30 Metern Durchmesser errichtet. Da das Gebäude zwei Stockwerke aufwies, konnten sogar zwei Panoramen gleichzeitig gezeigt werden. Die Beliebtheit der Attraktion am Leicester Square sollte lange anhalten, und ab 1801 wurden dann auch Panoramen fremder Städte (1801: Konstantinopel, 1803: Rom, 1820: Neapel, 1841: Damaskus) und Regionen (1850: Arktis, 1859: die Schweizer Rigi) gezeigt.

Die Bilder wurden häufig nach Jahresfrist verkauft und anderswo ausgestellt. Bedeutende Station früher Präsentationen von Panoramen war Paris, wo der Amerikaner Robert Fulton bereits 1799 im Garten des aufgehobenen Kapuzinerklosters ein Panorama eingerichtet hatte und noch in diesem Jahr bei der Académie des sciences ein Patent anmeldete. In Deutschland wurde 1794 im „Göttinger Taschenkalender“ erstmals von der Barker'schen Erfindung berichtet. Johann Adam Breysig, Lehrer an der Magdeburger Provinzial-Kunstschule, der behauptete, bereits vor Barker das Panorama erfunden zu haben, konnte 1800 in einer auf dem Berliner Gendarmenmarkt errichteten Rotunde ein eigenes Panorama mit Skizzen von seiner Romreise zeigen.

Es war Robert Barker selbst, der mit der Transferierung seines Londoner Panoramas in ein Rotundengebäude im Wiener Prater 1801 die Anfänge der neuen Kunstform auch in der kaiserlichen Residenzstadt initiierte. Nach Wien gekommen war der Mitarbeiter Barkers, William Barton, der sich in der Folge in Österreich niederließ. Schon bald entwickelte er die Idee, auch für Wien selbst ein Panorama zu verfertigen, und wählte dafür als Standpunkt den Turm der neben der Hofburg gelegenen Augustinerkirche. Als Produzenten des ersten Wiener Panoramas engagierte Barton mit Laurenz Janscha und Carl (Karel) Postl zwei auf dem Feld der Landschaftsmalerei bestens ausgewiesene Könner. 1804 war das Werk vollendet. Von Laurenz Janscha stammt im Übrigen auch eine Lithografie mit einer „Ansicht des Panorama (!) beym Eingang in den Prater“ von etwa 1810. Ebenfalls 1804 wurde ein Panorama von Prag vom Altstädter Wasserturm aus fertiggestellt, das Barton gemeinsam mit Bernhard Dousolt (auch: Dusold) geschaffen hatte. Beide hatten bereits 1803 den Wiener Geschichtsschreiber Anton von Geusau, Autor einer 1789 bis 1793 vorgelegten vierbändigen Geschichte Wiens, gebeten, zur Erklärung ihres Kunstwerks „eine kurze Beschreibung dieser Haupt- und Residenzstadt zu verfertigen, damit die Auswärtigen, welche Wien entweder gar nicht, oder zu wenig kennen, sich bey Ansicht dieses Rundgemähldes einen Begriff von dieser Hauptstadt zu machen in Stand gesetzt würden." Die Geusau'sche Publikation beinhaltet im Übrigen auch eine Farbdarstellung des Panoramas. Diese Kooperation sollte sich 1805 im Kontext des Prager Panoramas wiederholen, für das Geusau eine ebensolche Erläuterung veröffentlichte.[12]

In Wien stieß die neue Attraktion sofort auf großes Interesse. Beredtes Zeugnis davon gibt eine Passage in den bekannten „Briefen eines jungen Eipeldauers an seinen Herrn Vetter in Kakran": „[...] da sind so viele schöne Mahlerey drin, daß man glaubn soll, sie habn zehn Jahr dran g'arbeit. Mir ist völlig würstlich in Kopf wordn, wie ich eintreten bin, und weil halt gar so viel Häuser und Pallast, und Kirchen und Wagn, und Manndl und Berg z' sehn sind, so ists so viel, als wenn ich 's erste Mal gar nichts gsehn hätt, und da werd ich wohl noch ein sechsmal hinein gehen müssen, bis ich mich in der gmahlten Wienstadt ganz auskenn."[13] Barton schickte sein Wien-Panorama in klugem Kalkül in der Folge auf Tournee und zeigte es in den Folgejahren in Dresden, Leipzig, Berlin, Hamburg, Kopenhagen, Stockholm, Petersburg und München.

Der Siegeszug des Panoramas im 19. Jahrhundert war vorgezeichnet und letztlich unaufhaltsam. Am schweizerischen Thunersee hat sich etwa das 1809 bis 1814 von dem Basler Künstler Marquard Wocher gemalte Rundbild der Kleinstadt Thun als heute weltweit ältestes Panorama erhalten.[14] Zu Landschaftsdarstellungen und Städtebildern sollten schon bald auch andere Inhalte treten, wobei sich insbesondere Präsentationen von Ereignissen, darunter vor allem Schlachtengemälde, als publikumswirksam erwiesen. Dabei hat für Österreich, auch das 1829 eröffnete Salzburger Panorama mit einer Salzburg-Ansicht des Johann Michael Sattler ist zu erwähnen,[15] das 1896 geschaffene Riesenrundgemälde des Tiroler Freiheitskampfes in Innsbruck besondere Bedeutung. Es wurde im Frühjahr 2011 nach wechselvoller Geschichte und langen Diskussionen im neuen Museum am Bergisel bei Innsbruck erneut eröffnet.[16] In Wien wurde das 1801 errichtete „Panorama(gebäude)" nach einem Brand 1847 für andere Zwecke verwendet und im Zuge der Vorarbeiten für die Weltausstellung von 1873 abgebrochen. Es erhielt jedoch von 1877 bis 1882 einen Nachfolger im Bereich der Leopoldstadt (2., Weintraubengasse 22), der schon durch seine gewaltigen Ausmaße (30 Meter hoch, 39 Meter Durchmesser) für Aufsehen sorgte. 1892 fiel das Gebäude dann gleichfalls einem Brand zum Opfer und wurde zum Zirkus-Busch-Gebäude umgebaut.[17]

Es war nicht zuletzt die bürgerliche Gesellschaft, wie sie im Zeitalter von Aufklärung, Industrieller und Französischer Revolution bis in die Mitte des 19. Jahrhunderts entstand, die ein neues Publikum, neue Käuferschichten und neue Auftraggeber für Kunst hervortreten ließ und mit ihrem gewandelten Geschmack und ihren Vorlieben ungeheure Wirksamkeit entfalten sollte. Genau diese Schichten „eroberten" in dieser Epoche das nähere – und bald auch das weitere – Umland der Städte, indem sie von den damals nach und nach verbesserten Verkehrsmöglichkeiten, den Stellwägen, bald der Eisenbahn Gebrauch machten. Das Interesse am eigenen Lebensraum, zu dem zunehmend nicht nur die Stadt, sondern eben auch die umgebende Landschaft gehörte, schlug sich in einem merkbaren Anstieg der Produktion topografischer Werke nieder. Die schöne Landschaft war – ebenso wie die (schöne) Stadtlandschaft – zu einem bevorzugten Gegenstand der darstellenden Künste geworden. Gedruckte Landbeschreibungen beziehungsweise Begleitpublikationen für die Erkundung der städtischen Umgebung wurden nicht selten durch Bildwerke ergänzt. Zunehmender Beliebtheit erfreuten sich daneben aber auch gedruckte Städtepanoramen, Rundansichten von erhöhten Standpunkten aufgenommen, die zum besseren Gebrauch im privaten Umfeld in Form von ausklappbaren Leporellos auf den Markt kamen. Wien ist auf diesem Feld mit zwei Panoramen vertreten, deren historisch-topografisch-künstlerischer Wert in jüngerer Zeit wieder verstärkt wahrgenommen wird. Nachdrucke dieser Publikationen des 19. Jahrhunderts

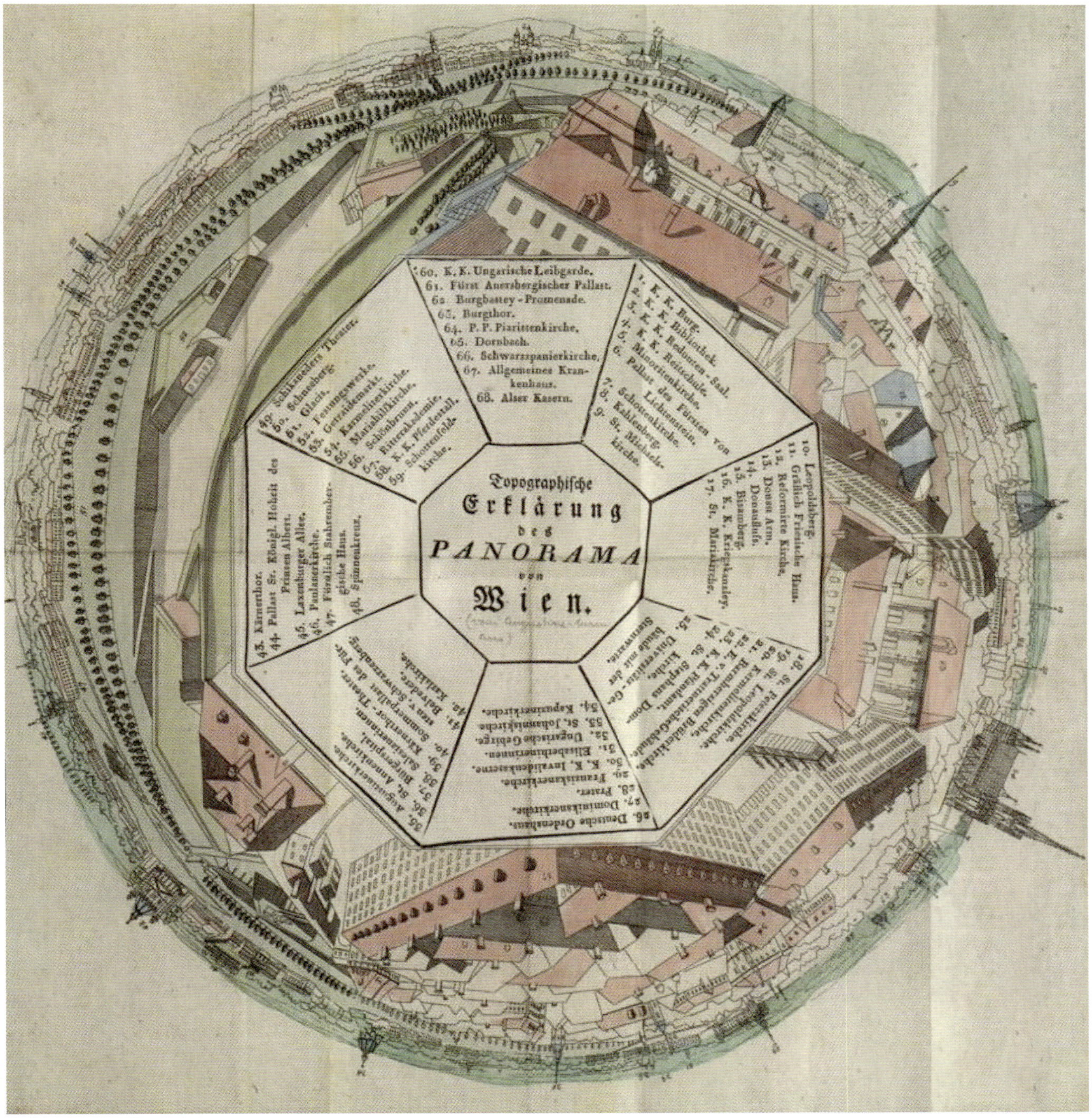

Abb. 18: William Barton – Bernhard Dousolt, Topographische Erklärung des Panorama von Wien, In: Anton von Geusau: Kurze Beschreibung der k. k. Haupt- und Residenzstadt Wien in Österreich: und besonders des Panorama von dieser Hauptstadt, derselben Vorstädten und umliegenden Gegenden, Wien und Prag 1803

stoßen heute nicht nur als Kuriosa, sondern durchaus auch als ebenso attraktive wie eingehende Dokumentationen früherer Verhältnisse beim Publikum wie bei der Forschung auf steigendes Interesse. Zu nennen sind, als einander ergänzende Darstellungen, zum einen das Rundpanorama, das Carl Wenzel Zajicek 1896 nach der Vorlage Emil Hütters aus den späten 1850er-Jahren schuf und die Stadt in ihrem Befestigungsgürtel ringsum von außen her zeigt,[18] zum anderen das traditionell als Panorama geschaffene Rundgemälde Wiens und dessen gesamter Umgebung vom Wienerberg her, das seine Entstehung dem herausragenden Talent des damals erst 17-jährigen ungarischen Künstlers János Greguss verdankt.[19]

An Attraktivität haben Panoramen auch in unserer Gegenwart nichts eingebüßt, durch die Möglichkeiten der Fotografie hat sich eine entscheidende Ausweitung des Machbaren ergeben. Zeugnis von der anhaltenden Faszination geben neue künstlerische Initiativen ebenso wie die Existenz der bereits erwähnten international agierenden Plattform des IPC. Und wie verbreitet der am Ende des 18. Jahrhunderts erst geschaffene Begriff ist, davon zeugt – aus Wiener Perspektive gesehen – die Errichtung des als „Bahnorama"[20] bezeichneten Aussichtsturms, der es der Öffentlichkeit von 2010 bis 2014 ermöglichte, die Fortschritte bei der Errichtung des neuen Wiener Hauptbahnhofs aus erhöhter Sicht zu begleiten.

1 Stephan Oettermann: Das Panorama. Die Geschichte eines Massenmediums, Frankfurt a. M. 1980, S. 7; vgl. auch Anna Schneeweiß: Panorama und Ausstellungsraum. Ein Medienvergleich. Diplomarbeit, Wien 2011, S. 10.

2 Vgl. Yadegar Asisi: The Rebirth of the Panorama, in: Gabriele Koller (Hg.): The Panorama in the Old World and the New (Proceedings of the 12th International Panorama Conference, 11–14 November 2004), Amberg 2010, S. 136–139.

3 Siehe: http://www.panoramacouncil.org/ und http://de.wikipedia.org/wiki/International_Panorama_Council [9. 6. 2014].

4 Zur Entwicklung des Panoramas vgl. neben den beiden in Anm. 1 zitierten Arbeiten auch Sehsucht: Das Panorama als Massenunterhaltung des 19. Jahrhunderts (Katalog zur Ausstellung in der Kunst- und Ausstellungshalle der Bundesrepublik Deutschland in Bonn, 28. Mai bis 10. Oktober 1993), Basel – Frankfurt 1993.

5 Zum Stadtpanorama vgl. die Ausführungen von Sylvain Malfroy: Der Blick auf die Stadt und ihre geographische Lage. Zur Genese des Stadtpanoramas aus dem Geiste der „Cosmographie", in: Ferdinand Opll (Hg.), Bild und Wahrnehmung der Stadt (Beiträge zur Geschichte der Städte Mitteleuropas, Bd. XIX), Linz 2004, S. 301–324.

6 Jean-Pierre Kintz: Strassburg, die wunderschöne. Der Schauplan von Conrad Morant, in: Opll (Hg.): Bild und Wahrnehmung (wie Malfroy, vorige Anm.), S. 67–83.

7 Vgl. Malfroy (wie Anm. 5), S. 303–310; zum Werk von Hollar vgl. Richard Pennington: A descriptive catalogue of the etched work of Wenceslaus Hollar 1607–1677, Cambridge 1982.

8 Zu Carel Fabritius vgl. Gero Seelig (Hg.): Carel Fabritius (1622–1654). Das Werk, Zwolle 2004.

9 Vgl. Malfroy (wie Anm. 5), S. 315 f. und 321 Abb. 5–6.

10 http://www.zedler-lexikon.de/ [9. 6. 2014].

11 http://www.kruenitz1.uni-trier.de/xxx/g/kg04119.htm/ [9. 6. 2014].

12 Vgl. dazu Anton von Geusau: Kurze Beschreibung der k. k. Haupt- und Residenzstadt Wien in Österreich: und besonders des Panorama von dieser Hauptstadt, derselben Vorstädten und umliegenden Gegenden, Wien und Prag 1803, sowie Ders.: Kurze Beschreibung der k. Haupt- und Residenzstadt Prag im Königreich Böhmen: und insbesondere des Panorama von dieser Hauptstadt, Wien und Prag 1805.

13 Zitiert nach Schneeweiß (wie Anm. 1), S. 16.

14 Vgl. Kunstmuseum Thun (Hg.): Marquard Wocher – Das Panorama von Thun, Basel 2009.

15 Erich Marx und Peter Laub (Hg.): Das Salzburg-Panorama von Johann Michael Sattler, Band 1: Das Werk und sein Schöpfer (Schriftenreihe des Salzburger Museums Carolino Augusteum, Nr. 13), Salzburg 2005.

16 http://de.wikipedia.org/wiki/Innsbrucker_Riesenrundgem%C3%A4lde [13.9.14].

17 Siehe dazu die Hinweise bei: https://www.wien.gv.at/wiki/index.php/Panorama [13. 9. 14].

18 Walter Oehlinger (Hg.): Rundpanorama von Wien. Ansicht der k. k. Haupt- und Residenzstadt Wien vor Beginn der Stadterweiterung und Demolierung der Basteien im Jahr 1858, Schleinbach 2010.

19 Ferdinand Opll (Hg.): Johann Baptist Gregosch, Rundgemälde von Wien und dessen Umgebung, Schleinbach 2011, und Ders.: Wien und sein Umland in der Mitte des 19. Jahrhunderts. Bemerkungen zu einem Panorama aus dem Jahre 1855, in: Festschrift für Walter Aspernig zum 70. Geburtstag (Jahrbuch des Oberösterreichischen Musealvereines – Gesellschaft für Landeskunde 157, Linz 2012 = 36. Jahrbuch des Musealvereines Wels, Wels 2009/2010/2011, S. 523–542.

20 http://www.hauptbahnhof-wien.at/de/bahnorama/ [14. 9. 2014].

Abb. 19: Rundgemälde von Wien und dessen Umgebung.
1. Bild mit Spinnerin am Kreuz, Prater und Arsenal, 1855
Johann Baptist Gregosch

SÁNDOR BÉKÉSI

Alt-Wien und Neu-Wien

Über Stadtmetaphern der frühen Ringstraßenzeit (1857–1865)

Im Jahr 1864 erschien der repräsentative, reich illustrierte Band „Alt- und Neu-Wien" und erlebte im darauffolgenden Jahr, also etwa zeitgleich mit der feierlichen Eröffnung der Ringstraße, bereits seine zweite Auflage. Das vom Österreichischen Ingenieur- und Architekten-Verein herausgegebene Werk diente einerseits dem Zweck, als Fremdenführer vor allem architektonisch interessierte Wien-BesucherInnen über wichtige Merkmale und Institutionen der Residenzstadt zu informieren. Zum anderen zeigte das Buch herausragende alte und neue Monumentalbauten der Stadt. Gerade diese Neubauten sollen „unläugbar eine der hervorragendsten Bauepochen Wiens begründen", wie es im Vorwort hieß.[1] Man präsentierte damit auch eine Zwischenbilanz der frühen Ringstraßenära. Redaktionell vom Archivar der Stadt Wien betreut, verbanden sich hier gleichsam zwei wesentliche Akteure der modernen Großstadt zu einem symbolischen Akt: die Konstrukteure und die Dokumentaristen.

ALT VERSUS NEU?

Doch nicht überall ließen sich Alt- und Neu-Wien so leicht miteinander versöhnen. Vielmehr wurde dieses Gegensatzpaar in zahlreichen Kommentaren zur Stadterweiterung bemüht und als Antipole ein und derselben Entwicklung verstanden: „Alt-Wien ist konservativ, der Vergangenheit ergeben, Neu-Wien noch ein Traum, ein Flor, ein Ideal, ein Bild, eine Fatamorgana, die in den Lüften schwebt."[2] Die erwarteten „breiten, lichten, luftigen Straßen des neuen Wien" wurden gern dem „enge[n], dunkle[n], alte[n] Wien" oder „die heitere Jugend" dem „grämliche[n] Alter" gegenübergestellt, um die Vorzüge der entstehenden neuen Stadt gegenüber der alten hervorzuheben.[3] Das wechselseitige Aufeinanderbezogensein beider Metaphern macht gleichzeitig deutlich, dass die Bezeichnung *Neu-Wien* letztlich nur im Zusammenhang mit *Alt-Wien* einen Sinn machte – und umgekehrt. Denn: Die Vorstellung einer *Altstadt* setzt stets die Existenz einer *Neustadt* voraus. Das Neue geht sozusagen dem Alten voraus. Dabei bilden moderne Stadt und alte Stadt eine dialektische Konstellation.[4]

Das nostalgische Stadtnarrativ kann als Krisensymptom, als Reaktion auf jene Umbrüche und Verunsicherungen begriffen werden, die durch die beginnende Industrialisierung und Urbanisierung ausgelöst wurden. Im Sinne eines pluralistischen Moderne-Begriffs kann aber

Abb. 20: „Das alte Kärnthnerthor 1858 (von Innen)"

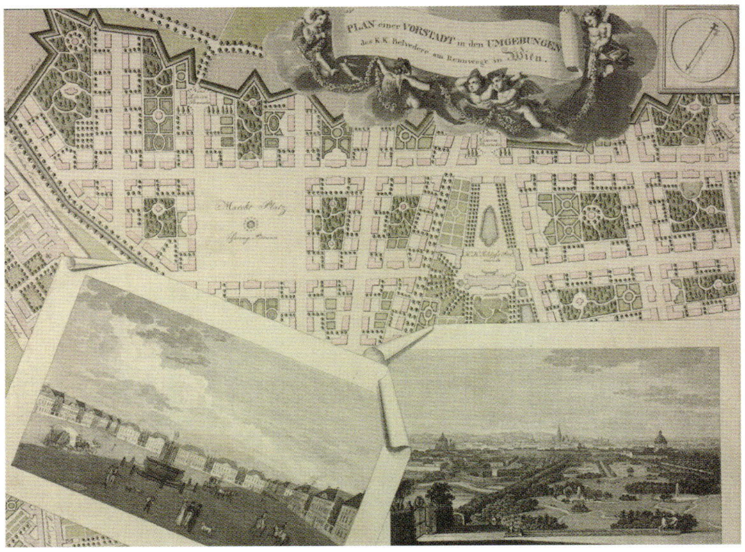

Abb. 21: „Plan einer Vorstadt in den Umgebungen des k.k. Belvedere am Rennwege in Wien" (nicht ausgeführter Entwurf), vor 1823
Stich von A. E. Stache, teilweise koloriert

die Abwendung vom Fortschritt, die nostalgische Rückwärtsgewandtheit ebenso als ein integraler Bestandteil der Moderne und damit als eine gleichwertige Interpretation urbaner Entwicklung gelten.[5] So können wir auch für die Zeit um die Mitte des 19. Jahrhunderts nicht nur von einem Leitbild der Moderne, sondern auch von einem entstehenden Leitbild der Tradition sprechen. Diesem kam quasi die Rolle zu, die dem Fortschritt immanenten Verluste zu thematisieren – als Resultat und Reaktion, als Komplement und Korrektiv. Daher repräsentiert auch die Vorstellung von *Alt-Wien* letzten Endes eine moderne Erfahrung, die erst aufgrund der spezifischen Eigenschaften der Moderne entstehen konnte.

Der Begriff *Altstadt* war zwar zur Jahrhundertmitte ideologisch noch wenig aufgeladen und diente in Wien eher als Ortsbezeichnung. Doch barg der Hinweis auf die alte Stadt bald auch hier die Behauptung des Historischen, Ursprünglichen und Authentischen und wurde so im Gegensatz zur planmäßig angelegten *Neustadt* zum Symbol gegen die „Eintönigkeit" und „Unwirtlichkeit" der kapitalistischen, gründerzeitlichen Großstadt.[6] So suggerierte auch die Metapher *Alt-Wien* tendenziell den Status des Natürlichen und des Gewachsenseins. Die retrospektiv-nostalgische Stadtwahrnehmung tendierte auf diese Weise dazu, die Stadt als soziales und kulturelles Artefakt zu verdecken.[7] In Wirklichkeit ist *Altstadt* genauso das Ergebnis von gesellschaftlicher Verhandlung und damit eine Konstruktion moderner Stadterfahrung sowie ein Resultat von Stadtveränderung. Sie ist also Physis und Imagination zugleich.

WIE ALT IST ALT-WIEN?

Doch Alt-Wien und Neu-Wien waren Ende der 1850er-Jahre keine neuen Stadtmetaphern mehr. Ein nostalgisch konnotiertes Alt-Wien und ein utopisch aufgeladenes Neu-Wien hatten sich längst zu gängigen Topoi im Stadtgespräch entwickelt. Man sprach vom Ende der „guten alten Zeit" und des „guten alten gemüthlichen Wien" oder verwendete den Abschiedsruf „Wieder ein Stück von Alt-Wien verloren!", noch bevor sich die Demolierung der Basteien endlich konkret angekündigt hätte.[8]

Denn bereits im Vormärz bildeten sich die wichtigsten Denkfiguren und Positionen moderner Stadtnarrative in Wien heraus. Idealtypisch formuliert waren sie auf Seiten der Erneuerer jene der Reform und der Utopie, auf Seiten der Traditionalisten hingegen jene der Dokumentation und der Nostalgie. Konkret ging es im Erneuerungsparadigma darum, das „mittelalterliche Gepräge" Wiens zu beseitigen und an die Stelle der alten, baufälligen Häuser „stolze und prachtvolle Paläste" zu setzen.[9] Die Gestaltungsmöglichkeiten der Modernisten waren jedoch lange Zeit beschränkt. Die verzögerte Entfestigung der Stadt und der Reformstau drängten die Verschönerer und Erneuerer vielfach in Richtung utopischer

Abb. 22: „Plan für den Bau eines k.k. Operntheaters durch Erweiterung der Bastion beim Kärnthnerthore“ (nicht ausgeführter Entwurf), 9. Mai 1847 Aquarellierte Federzeichnung nach Entwurf von Paul Sprenger und FML Camillo Freiherr Vacani von Fort' Olivo

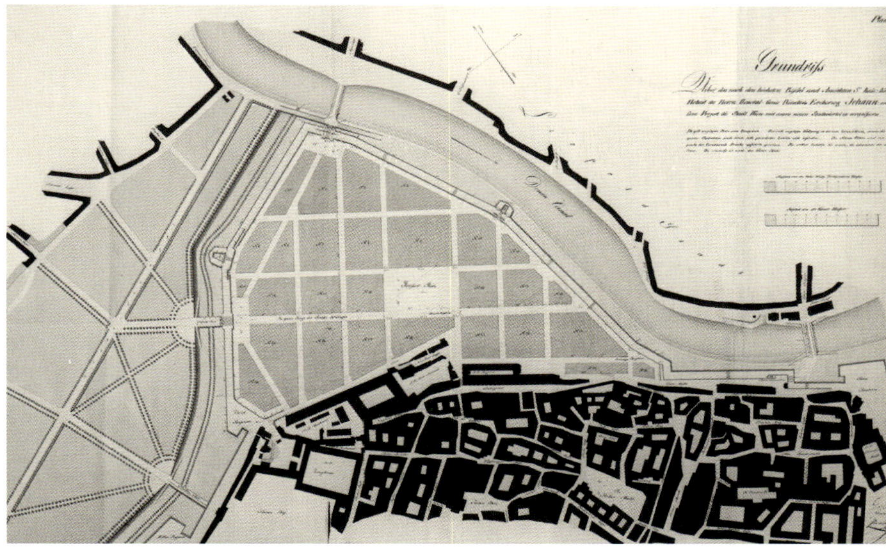

Abb. 23: Wien, Stadterweiterungsprojekt: Projekt am Donaukanal zwischen Augartenbrücke und Ferdinandsbrücke (nicht ausgeführter Entwurf), 1825 Aquarellierte Federzeichnung von Fr. Przedak

Vorstellungen. Im Gegensatz dazu zielte die retrospektive Sichtweise darauf ab, die gerade vergehende Stadt zu dokumentieren oder aber verschwundenen Bauten und einer durch sie repräsentierten Vergangenheit nostalgisch nachzutrauern. Das heißt: Bereits im Biedermeier, das bis heute als Referenzfläche der „guten alten Zeit“ gilt, wird Alt-Wien im Gegensatz zu Neu-Wien wehmütig-nostalgisch positioniert und damit die Vorstellung von der alten Stadt mit Sehnsuchtspotenzialen aufgeladen, die im Hinblick auf Stadterneuerung und Stadterhaltung im Wesentlichen bis heute wirken.[10]

Das bedeutet zugleich, dass die nostalgische Metapher von Alt-Wien nicht erst anlässlich der Demolierung der ehemaligen Stadtmauern und der Errichtung der Ringstraße entstand. Sie hatte vielmehr mit übergreifenden Prozessen der Gründerzeit zu tun, mit einer spezifischen Konstellation von baulichem und gesellschaftlichem Wandel. Eine besonders intensive private Bautätigkeit und damit ein Umbau der Stadt waren bereits in den 1840er-Jahren zu verzeichnen. Zudem wurde die Erweiterung der Stadt seit Jahrzehnten von vielen herbeigesehnt, die ersten konkreteren Pläne gab es hierzu ebenfalls schon in der ersten Hälfte des 19. Jahrhunderts.[11]

So ist auch Neu-Wien um einiges älter als die Ringstraße – als utopischer Begriff wie als bauliches Konkretum. Im administrativen Sinn wurde Wien schon im Jahr 1850 erweitert, indem man Stadt und Vorstädte zu einem Gemeindegebiet vereinte. Bald darauf entstand sogar ein eigener Stadtteil namens Neu-Wien, den man als partielle Stadterweiterung ab 1853 auf den Glacisgründen zwischen Berggasse und der nachmaligen Türkenstraße anlegte. Allerdings war der Aktion zunächst wenig Erfolg zuteilgeworden, nicht zuletzt, da viele der möglichen Bauherren bereits auf die kommende „große“ Stadterweiterung gewartet haben sollen.[12]

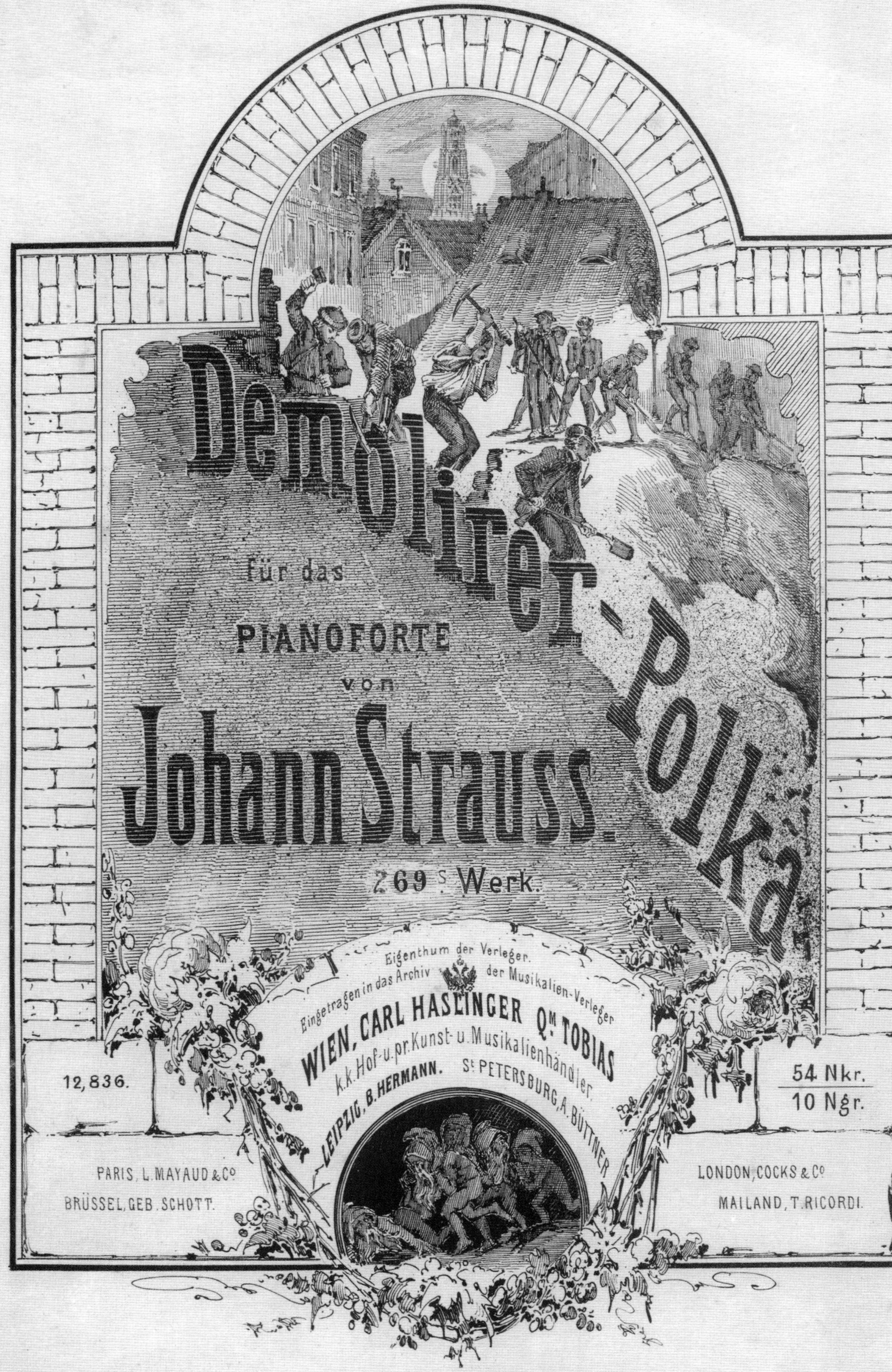

K.K. Hof-Lith. u. Steindr. v. A. Grube. Wien.

IM SPANNUNGSFELD VON RINGSTRASSE UND ALTSTADT

Der Abriss der ehemaligen Stadtbefestigung und die Errichtung der Ringstraße ab 1858 verliehen dem Modernisierungsprozess eine neue Dynamik und zum Teil eine neue Qualität. Die Neu-Wien-Befürworter und damit die Anhänger einer prospektiven, modernistischen Stadtbetrachtung gewannen physisch wie symbolisch an Terrain. Lange Zeit aufgestautes utopisches Potenzial konnte sich nun freie Bahn brechen, man sah die Zeit der „breiten Strassen und großen herrlichen Plätze“ angebrochen. Dennoch blieben auch jetzt zahlreiche utopische oder visionäre Entwürfe auf dem Papier. Das ungebaute Wien reicht in dieser Zeit von einer Untergrundbahn im eingedeckten Stadtgraben bis hin zum vollständigen Abriss und Neuverbauung der Innenstadt im Rastersystem.[13] Noch ungleicher waren die realen Kräfteverhältnisse zwischen den Modernisierern und den Nostalgikern verteilt. Man durfte zwar die Vergänglichkeit der Stadt beklagen – einen tatsächlichen Einfluss auf die Stadtentwicklung hatte dies aber (noch) nicht. Neue Wirkungsmöglichkeiten eröffneten sich hingegen für die Dokumentaristen der alten Stadt.

Es gab freilich nicht nur *ein* Bild von Neu-Wien. Die verschiedenen bürgerlichen Eliten und Berufsgruppen beteiligten sich an und profitierten von der Stadterneuerung in unterschiedlichem Maß. Die politischen und gesellschaftlichen Rahmenbedingungen waren vom ausklingenden Neoabsolutismus und dem einsetzenden Liberalismus geprägt. Das politische Erstarken der Kommune konnte allerdings gerade im Ringstraßenbereich zunächst nur eingeschränkt geltend gemacht werden. Auf offiziöse Vorstellungen von der Hauptstadt als Neu-Wien und eine insgesamt hoffnungsvolle Stimmungslage schlug sich nicht zuletzt auch die Ausbildung der österreichischen Staatsidee („Neu-Österreich“) oder der Vorbildfunktion Wiens für andere Städte der Monarchie nieder.[14] Die Anteilnahme am öffentlichen Leben war weiter gestiegen, die Lokalpublizistik nahm zunehmend Einfluss auf die Entwicklung der Stadt. So ist auch der Anteil der liberalen Presse an der ersten „Ringstraßen-Euphorie“ nicht zu unterschätzen. Selbst das Innenministerium nutzte die Tagespresse in Form von anonym gehaltenen Artikelserien, um mehr Akzeptanz für das Vorhaben der Stadterweiterung zu schaffen.[15] Der gründerzeitliche Erneuerungsgedanke berief sich paradigmatisch auf die Repräsentations-, Verkehrs- und Gesundheitsbedürfnisse der entstehenden Großstadt. Seine Zielvorstellungen waren die „Verschönerung der Stadt“, eine „gerade Aussicht“ oder die bessere „Circulation“ von Luft, Wasser und Verkehr.

So konnte es anlässlich des Beginns der Demolierungsarbeiten an der Rotenturmbastei im Frühjahr 1858 heißen: „Wohl nie wurde ein Werk der Zerstörung mit solcher Freude begrüßt, als der Untergang der Basteien. […] man begrüßt

Abb. 24:
„Demolirer-Polka“ (op. 269), 1862
Johann Strauß
Klavierausgabe, Deckblatt

Abb. 25:
Blick über das Rotenturmtor und die in Abbruch befindlichen Befestigungen, 1858, Österreichische Staatsdruckerei

Abb. 26: Josefstädter Glacis: Blick von der Stadt Richtung Josefstadt, vor 1872

in reiner Freude den Anfang einer neuen Zeit."[16] Andernorts brach man bereits im Vorfeld den Stab über „altmodische Stadtthore, welche als abscheuliche Ueberbleibsel des barbarischen Zeitalters die glänzende Residenz" verunzieren.[17] Nach erfolgter Entfestigung der Stadt wurde gejubelt: „Nicht bloß alte Mauern sieht man vom Josephstädter Glacis aus, blanke freundliche Häuser und lustiges Grün leuchten uns entgegen, seitdem der graue Mantel gefallen ist […]."[18]

Andere nahmen wehmütig Abschied von den Befestigungsanlagen, welche immerhin Jahrhunderte lang Bild und Erfahrung der Stadt prägten: „Ein Abschiedsgruß, ein stilles Lebewohl, und durch die neugebrochenen Lücken blickt das Licht des jungen Tages. Die Vorstadt drängt herein."[19] Selbst der Gemeinderat bediente sich wirkungshalber einer gewissen nostalgischen Rhetorik, wenn es um die Erhaltung städtischen Grüns anstelle des Glacis ging: „Die Glacisplätze waren der Tummelplatz der Jugend, der Erholungsort des kräftigen Alters und des schwachen Greises, welcher hier im Schatten und in der freien Luft Erholung suchte und fand."[20]

Doch Bedauern konnte sich durchaus in derselben Zeitung mit Euphorie der Stadtentwicklung gegenüber mischen. In dieser scheinbaren Unentschlossenheit äußerten sich nicht zuletzt unterschiedliche Interessenslagen im Publikum, die ein populäres Medium alle zu befriedigen versuchte. Einerseits bediente man den Groß- und Besitzbürger, andererseits kam man den Modernisierungsängsten der Bildungs- und Kleinbürger oder des Adels entgegen. Zumal es auch differenziertere Positionen gab, welche die Stadterweiterung und Stadterneuerung grundsätzlich bejahten, doch nicht um jeden Preis – andererseits aber auch nicht um jedes „Stück Alt-Wien" trauerten. So begrüßte beispielsweise die linksliberale „Vorstadt-Zeitung" in der Ankündigung der Reihe „Was sich die Basteien erzählen" die Stadterweiterung als Notwendigkeit und „Schauplatz des industriellen Fortschrittes", hob jedoch

Abb. 27: „Der Cursalon auf dem Wasserglacis, am 1. July 1818 eröffnet", nach 1858
Kolorierte Lithografie von Emil Hütter

gleichzeitig die Bedeutung der gerade verschwindenden Wälle als „historische Denkwürdigkeit" und die „den Wienern liebgewordene Promenade" hervor, an die sich viele Erinnerungen knüpften.[21] Selbst im Kreis der Stadterweiterungsplaner gab es solche, die eine teilweise Erhaltung der Basteien als architektonische Elemente mit Erinnerungsfunktion und als Erholungsräume befürworteten und auf diese Weise Modernisierung mit Konservierung vereinen konnten.[22] Andere befürchteten überhaupt das Niederreißen vieler Gebäude in der Innenstadt, „[…] um den Platz dem Flaneurschritte eines Taugenichtses einzuräumen!",[23] oder machten die Kontrasterfahrung zwischen Alt- und Neu-Wien geltend: „[…] eine Stadt wird erst recht interessant, wenn man aus der ermüdenden Eintönigkeit der modernen Häuser-Carées sich dann und wann in die Labyrinth-Gasseln der alten Zeit flüchten kann, wo's kühl und düster is."[24]

Abb. 28: „Wiener-Stadt-Erweiterung und Verschönerung. Der Ring zwischen Burg- und Schottenthor.“ Hans Jörgel, 1866

Neu-Wien oder der Ringstraßenbau waren aber nicht nur vor dem Hintergrund von Verlusten historischer Bausubstanz umstritten. Zahlreiche Kommentare nahmen die Unannehmlichkeiten aufs Korn, welche die riesige Baustelle für die Bevölkerung bereitete: „Von Neu-Wien erblickt man jetzt nichts als den Staub […].“[25] Dabei ging es auch um grundsätzlichere Fragen. Hygieniker bemängelten die „Rasirung“ des bestehenden Glacis und der darauf befindlichen Alleen, die weitgehende Verbauung mit „turmhohen“ Häusern, die eine Verringerung des Luftzutritts bewirkten und in Summe keine Verbesserung der Gesundheitsverhältnisse für die Innenstadt bringen sollten. Einige sahen im Choleraausbruch von 1866 sogar eine „Ringstraßencholera“.[26]

Besonders nach mehrjähriger Abwesenheit mögen einem die Veränderungen der Stadtgestalt radikal erschienen sein, die man aus demselben Grund positiv wie negativ empfinden konnte. Für den Literaten und Feuilletonisten Ferdinand Kürnberger fiel das Urteil eindeutig aus: „Wahrlich, die paar Milliarden Ziegel, die ich in Wien verbaut fand, verherrlichen in meinen Augen die Stadt noch lange nicht so, wie die alten Erinnerungen, welche mich am Lugeck oder am Hafnersteig überkommen. […] Neu-Wien, ach geht mir doch!“[27]

Abb. 29:
Ferdinand Kürnberger
Atelier Beer & Mayer

Die Vorstellung von Alt-Wien hatte zudem nicht allein die vergängliche Stadtgestalt zum Inhalt, sondern ebenso die alte Stadtgesellschaft. Beide sah man in manchen Kreisen gefährdet – und verklärte sie gern in der Rückschau: „Wo bist du, mein altes, prächtiges Wien, wie ich es einst kannte? Wo ist die herrliche glückliche Bürgerschaft jener Zeit?“[28] Ähnliches galt für Neu-Wien. Wer Wien seit zehn Jahren nicht gesehen hatte, erkannte nicht nur die Stadt nicht wieder, sondern auch die Wiener nicht, wie es hieß. So fragte die „Wiener Vorstadt-Zeitung“ bereits im Jahr 1862, wie viel noch vom einstigen (vermeintlich) gemütlichen, gastfreundlichen und lebensfrohen „Volkscharakter“ der Wiener übrig geblieben sei.[29] Die soziale Frage war ebenfalls ein nicht zu übersehender Teil des Neu-Wien-Diskurses, vor allem im Hinblick auf die Wohnungsnot, zu deren Linderung die Ringstraße ja kaum beitrug. Im Zusammenhang mit dem „Wohnungs-Elend“ und der Steuerbefreiung für Bauten auf den Stadterweiterungsgründen fragte man sich in den „Jörgel-Briefen“: „Warum sollen die Bewohner von Alt-Wien diese großen Kosten für die Bewohner von Neu-Wien zahlen?“[30]

Paradoxerweise trug die Ringstraße, abgesehen vom Abriss der Basteien, zunächst eher zur Erhaltung historischer Bausubstanz und zur Schonung der Altstadt bei, indem sie das Baugeschehen eine Zeit lang großteils von dieser ablenkte. So wurde die Intensität der Bautätigkeit der 1840er-Jahre im Zentrum Wiens erst ab Mitte der 1870er-Jahre wieder erreicht.[31] Die erste größere Demolierung von zentraler, geschichtsträchtiger Bausubstanz, die während der Ringstraßen-

Abb. 30: Gruppe der Grabenhäuser, demoliert 1866

ära erfolgte, betraf die sogenannten „Grabenhäuser" zwischen Stock-im-Eisen- und Stephansplatz im Jahr 1866. Der verschwindende Gebäudekomplex wurde – ähnlich der abgerissenen Stadtbefestigung zuvor – bereits im öffentlichen Auftrag zum Gegenstand systematischer Stadtdokumentation: Um „das Stück von Alt-Wien [...] für alle Zukunft zu verewigen", wurde es aus mehreren Blickwinkeln fotografisch festgehalten, und die Aufnahmen wurden dem Stadtarchiv übergeben.[32]

Zunächst aber fungierten, neben Stadtbeschreibungen, vor allem populäre grafische Ansichten als zentrales Medium der Alt-Wien-Erinnerung.[33] In diesen Darstellungen einzelner Häuser und Ensembles wurde das Bild der repräsentativen Residenzstadt, das auch im eingangs erwähnten Band des Ingenieur- und Architektenvereins dominierte, um jenes der alten Bürgerstadt ergänzt. Dabei entstand eine pittoreske Gegenerzählung zur Realität der Frühgründerzeit. Der einsetzenden Segmentierung und Industrialisierung der Stadt wurde als visuelle Metapher das naiv-nostalgische Bild einer verlorenen Ganzheit entgegengehalten.

Manche erkannten den grundsätzlich ambivalenten und transitorischen Charakter von Wahrnehmung und der alten Stadt schon damals: „Wien ist nur deßhalb so schön, weil es von jeher verschönert wurde. Immer und immer wieder erneuert, ist es nie aus dem ganz absonderlichen Zustande eines alten Neu-Wiens, oder eines neuen Alt-Wien's herausgekommen!"[34] Denn was das alte Wien ist, definiert jede Generation – selbst bei einem gewissen Kanon und Traditionsbildung – immer wieder neu. Alt-Wien soll in der Folge erst ab der Jahrhundertwende zu jenem Kampfbegriff werden, mit dem sich auch die Konstrukteure der modernen Stadt auseinandersetzen mussten.

1 Alt- und Neu-Wien in seinen Bauwerken, hg. vom Österreichischen Ingenieur- und Architekten-Verein, red. von Karl Weiss, Wien 1865, S. III.

2 N.N.: Neue Wiener Briefe, in: Klagenfurter Zeitung, 22. März 1858, S. 1.

3 Die Presse, 3. Oktober 1857, S. 1.

4 Gerhard Vinken: Altstadt, in: Nicolas Pethes, Jens Ruchatz (Hg.): Gedächtnis und Erinnerung. Ein interdisziplinäres Lexikon, Hamburg 2001, S. 32–33.

5 Vgl. Cornelia Klinger: Flucht, Trost, Revolte. Die Moderne und ihre ästhetischen Gegenwelten, München-Wien 1995, S. 10, 16, 23 u. 31.

6 Vgl. Vinken, Altstadt; Helmut Böhme: Die Erfindung der „Alten Stadt". Begriffsbegründung und Begriffswandel im Spiegel ihrer Störungen, in: Die alte Stadt, 26 (1999) 3, S. 169–192 (hier 174).

7 Sonja Hnilica: Metaphern für die Stadt. Zur Bedeutung von Denkmodellen in der Architekturtheorie, Bielefeld 2012, S. 280, 288; Wolfgang Kos: „Alt-Wien" ist eine Denkfigur. Zur Einleitung, in: Arnold Klaffenböck (Hg.): Sehnsucht nach Alt-Wien. Texte zur Stadt, die niemals war, Wien 2005, S. 9f.

8 Siehe Josef Strauss: Die guten, alten Zeiten, Op. 26 (1856); Lokalblatt der Wiener Zeitung, 31. Juli 1853, S. 697; Morgen-Post, 13. März 1857, S. 2; Der Humorist, 22. April 1857, S. 4; Ost-Deutsche Post, 8. April 1855, S. 1, zit. n. Kai Kauffmann: „Es ist nur ein Wien!": Stadtbeschreibungen von Wien 1700 bis 1873. Geschichte eines literarischen Genres der Wiener Publizistik (Literatur in der Geschichte, Geschichte in der Literatur, Bd. 29), Wien u. a., 1994, S. 437.

9 Heinrich J. Adami: Wiens Neubauten, in: Wiener Theaterzeitung, 40 (1847), S. 822.

10 Siehe dazu mehr bei Sándor Békési: Die Erfindung von „Alt-Wien" oder: Stadterzählungen zwischen Pro- und Retroperspektive, in: Monika Sommer, Heidemarie Uhl (Hg.): Mythos Alt-Wien. Spannungsfelder urbaner Identitäten (Gedächtnis – Erinnerung – Identität, Bd. 9), Innsbruck – Wien – Bozen 2009, S. 45–67 (hier 46f).

11 Siehe Wolfgang Kos, Christian Rapp (Hg.): Alt-Wien. Die Stadt, die niemals war (Katalog zur 316. Sonderausstellung des Wien Museums), Wien 2004, S. 37, 333–345; Renata Kassal-Mikula (Hg): Das ungebaute Wien 1800 bis 2000. Projekte für die Metropole (Katalog zur 255. Sonderausstellung des Wien Museums), Wien 1999, S. 28–37.

12 Franz Baltzarek, Alfred Hoffmann, Hannes Stekl: Wirtschaft und Gesellschaft der Wiener Stadterweiterung (Die Wiener Ringstraße, Bd. 5), Wiesbaden 1975, S. 108f.

13 Siehe ebd., S. 87f; Kassal-Mikula (Hg.), Das ungebaute Wien, S. 56–59.

14 Siehe Harald R. Stühlinger: Der Wettbewerb zur Wiener Ringstraße. Entstehung und Interpretation, Diss. Univ. ETH-Zürich 2013, S. 240f.

15 Siehe ebd., S. 106–109 und Kurt Paupié: Handbuch der österreichischen Pressegeschichte 1848–1959, Bd. 1: Wien, Wien u.a. 1960, S. 3f.

16 N.N.: Die erste Bresche, in: Wiener Vorstadt-Zeitung, 30. März 1858, S. 1.

17 Die Presse, 1. März 1857, S. 2.

18 B.B.: Aus dem Wiener Leben, in: Wiener Abendpost, Beilage zur Wiener Zeitung, 6. Mai 1865, S. 415.

19 N.N., Neue Wiener Briefe, in: Klagenfurter Zeitung 22. März 1858, S. 1–2, S. 1.

20 Verhandlungs-Akten des Gemeinderathes der k. k. Reichshaupt- und Residenzstadt Wien aus Anlaß der (…) Erweiterung der Stadt Wien, Wien 1861, S. 47.

21 Wiener Vorstadt-Zeitung, 6. Februar 1858, S. 1; ebd. 3. April 1858, S. 1.

22 Vgl. Baltzarek, Hoffmann, Stekl, Wirtschaft und Gesellschaft, S. 78f.

23 D. Sp.: Wimpl und Wampl. Eine Stadterweiterungsnovelle, in: Figaro 12. Mai 1858, S. 99.

24 Hans Jörgel von Gumpoldskirchen, 2. November 1858, S. 4.

25 N.N.: Kleine Wiener Chronik, in: Die Presse, 1. August 1858, S. 1.

26 Othmar Birkner: Die bedrohte Stadt. Cholera in Wien (Forschungen und Beiträge zur Wiener Stadtgeschichte, Bd. 35), Wien 2002, S. 121.

27 Ferdinand Kürnberger: Ein Besuch in Wien, in: Die Presse, 11. Februar 1865, S. 1.

28 [Heinrich Ritter Ambrozy]: Das alte Wien meiner Jugend und das 25. Regierungsjahr des Kaisers und Königs Franz Joseph I., Wien 1875, S. 11.

29 N.N.: Neu-Wien, in: Wiener Vorstadt-Zeitung, 2. Juli 1862, S. 1.

30 Hans Jörgel von Gumpoldskirchen, 2. November 1858, S. 2–5 (hier 3); ebd., 8. Oktober 1860, S. 22. Siehe dazu auch N.N.: Das mittlere Wien und die Stadterweiterung, in: Wiener Vorstadt-Zeitung, 1. und 2. April 1858, S. 1.

31 Elisabeth Lichtenberger: Die Wiener Altstadt. Von der mittelalterlichen Bürgerstadt zur City, Wien 1977, S. 215.

32 Neue Freie Presse, 6. Mai 1866, Morgenblatt, S. 5. Siehe auch Karl Weiss, Katalog des Historischen Museums der k. k. Haupt- und Residenzstadt Wien, Wien 1888, Vorwort und S. 218f; Alt-Wien-Katalog, S. 350–354.

33 Siehe dazu mehr bei Elke Doppler: Die Jäger der verlorenen Schätze. Wiener Vedutenmalerei von 1870 bis 1910, in: Kos, Rapp (Hg.), Alt-Wien, S. 123–133 (hier 131f).

34 E.O.: Neu-Wien, in: Wiener Zeitung, 31. Oktober 1860, S. 703.

673.

ANDREAS NIERHAUS

Der Maßstab der Großstadt

Die Architektur der Ringstraße aus der Sicht eines Zeitgenossen des Jahres 1866

„Wien [...] tritt erst von heute an thatsächlich in die Reihe der Großstädte. Der kaiserliche Federzug, welcher diesen engen Steingürtel fallen macht, in dem das Herz eines verjüngten und mächtig aufstrebenden Staatsorganismus kaum mehr zu pulsiren vermochte, wird dadurch zu einem der folgenreichsten der gegenwärtigen Regierung."
Die Presse, 29. Dezember 1857

Mit dem Fall der Basteien und dem Bau der Ringstraße wurden die Weichen für den Umbau Wiens von der imperialen Residenz- zur modernen Großstadt gestellt. Von Kaiser Franz Josef zu Weihnachten 1857 per „Handschreiben" angeordnet, eröffnete die Stadterweiterung den Architekten völlig neue Aufgabengebiete in bis dahin ungeahnten Dimensionen. Die Käufer der Bauparzellen investierten unmittelbar in die Stadterweiterung, da der Erlös zweckgebunden für die Errichtung der großen Hofbauten – Museen, Oper, Burgtheater – gewidmet war. In den Anfangsjahren der Ringstraße spielten jüdische Bauherren, denen erst seit 1860 erlaubt war, Grundbesitz zu erwerben, eine verhältnismäßig große Rolle. Das ehemalige Glacis wurde zum Experimentierfeld, auf dem innerhalb weniger Jahre eine neue Vorstellung vom urbanen Bauen ausgeprägt wurde. Zwischen 1865 und 1875 war Wien das vielleicht wichtigste europäische Zentrum zeitgenössischer Architektur. Den Historismus kann man als eine Art „Internationalen Stil" begreifen: Der neuartige großstädtische Maßstab und die Orientierung an der Vergangenheit der europäischen Baukunst etablierten eine architektonische Sprache, die in der gesamten westlichen Welt verstanden und verglichen werden konnte. Es war nicht zuletzt diese dem Historismus eigene Internationalität, die den Stellenwert der Wiener Ringstraße als eines der bedeutendsten urbanistischen und architektonischen Ensembles des 19. Jahrhunderts begründete.

Abb. 31: Hofoper, nach 1876
Wilhelm Burger

Noch bevor mit dem Bau der ersten Häuser an der Ringstraße begonnen wurde, beschrieb der einflussreiche Wiener Kunsthistoriker Rudolf Eitelberger diese neuartige internationale

Architektur im Jahr 1859 wie folgt: „In der heutigen Welt-Architektur hat sich ein bestimmter Typus ausgebildet, der sich an die Entwicklung der Großstädte anschließt, und der diesen einen charakteristischen Ausdruck gibt. Er entfaltet sich theils in gewissen Bauanlagen, Plätzen, großen Straßen, Squares, Boulevards, Quais, Markthallen, Vergnügungsorten u.s.f., die eben nur in starkbevölkerten Städten mit einer nicht auf bloßen Erwerb angewiesenen Bevölkerung entstehen, theils auch in der Formensprache in der Architektur selbst, die unter diesen Verhältnissen einen ganz anderen Charakter hat, als es in Landstädten oder bloßen Fabriks- und Handelsstädten der Fall ist. In diesen Anlagen liegt eben der große Unterschied zwischen einer großen Stadt und einer Großstadt, zwischen einer Architektur, in der die Gebäudemassen nur eine monotone soziale Unterlage haben, und jener, in der ihr ganzer, reich gegliederter Organismus durch große künstlerische und staatliche Ideen auf ein höheres Niveau gehoben wird."[1]

Was in der Folge ab 1860 an der Ringstraße gebaut wurde, ließ sich zwar zum Teil aus den spezifischen örtlichen Gegebenheiten und Traditionen ableiten, war aber eben auch Ausdruck einer global weitgehend vereinheitlichten Vorstellung von Architektur: Vor dem Hintergrund einer allgemeinen Übereinkunft über die Relevanz der geschichtlichen Überlieferung konnte sie nach freiem Ermessen und Bedarf über die historischen Stile verfügen und besaß gerade deshalb vielfältige Anwendungsmöglichkeiten. In dieser Hinsicht war die aktuelle Wiener Architektur exemplarisch: Dem französischen Kritiker Jean-Louis Pascal erschien sie im Jahr 1873 als der beste Beweis für das überall herrschende „kompletteste und gelehrteste Durcheinander des Eklektizismus"[2].

Die moderne „Welt-Architektur" der Ringstraße stand in denkbar größtem Kontrast zur historisch gewachsenen Stadtstruktur. Auf der sprichwörtlichen „Grünen Wiese" des Glacis wuchs innerhalb weniger Jahrzehnte eine Idealstadt des 19. Jahrhunderts heran – mit breiten, von Alleen gesäumten Straßenzügen, großzügigen Wohnhäusern, eleganten Geschäften, monumentalen öffentlichen Gebäuden und Parkanlagen. Die Zeitgenossen erkannten den großen Nachholbedarf gegenüber den „Weltstädten" London und Paris. Die Metropole an der Seine, mit dem von Napoléon III. eingeleiteten, groß angelegten Stadtumbau, war das erklärte Vorbild für Wien. In städtebaulicher Hinsicht gab es freilich gravierende Unterschiede: Während in Paris Schneisen in die bestehende Stadt geschlagen werden mussten, konnte man in Wien auf einem zuvor unbebauten Areal planen. Der 1859 vom Kaiser genehmigte „Grundplan" der Stadterweiterung sollte sich dabei als äußerst praktikables Instrument erweisen.

Erst angesichts des mondänen „Neu-Wien" der Ringstraße wurde die Vorstellung von „Alt-Wien" als „Erinnerungsort" entwickelt[3] – und mit ihr eine Skepsis gegenüber dem Neuen, die durchaus begründet war: Der Ausbau Wiens zur modernen Großstadt und ihr schnelles Wachstum führten nicht nur zu radikalen Veränderungen im gewohnten Stadtbild, sondern ließen auch eine metropolitane (groß-)bürgerliche Kultur entstehen, die mit der kleinräumigen Enge des vormärzlichen Wien kaum mehr etwas gemeinsam hatte. Die Diskrepanz, die hier zu Tage trat, beschrieb der Feuilletonist Daniel Spitzer so: „Ich mag die alten Straßen und Gassen nicht mit der protzigen Ringstraße vertauschen, mit ihren neuen Häusern und neuen Menschen. Wenn ich in der inneren Stadt lustwandle, dann fliegen mir alte, liebe Erinnerungen zu [...]. Auf der Ringstraße verliert das Spazierengehen allen Reiz, man fühlt sich dort wie in der Fremde."[4]

Abb. 32: „Allerhöchst genehmigter Plan der Stadterweiterung", 1860

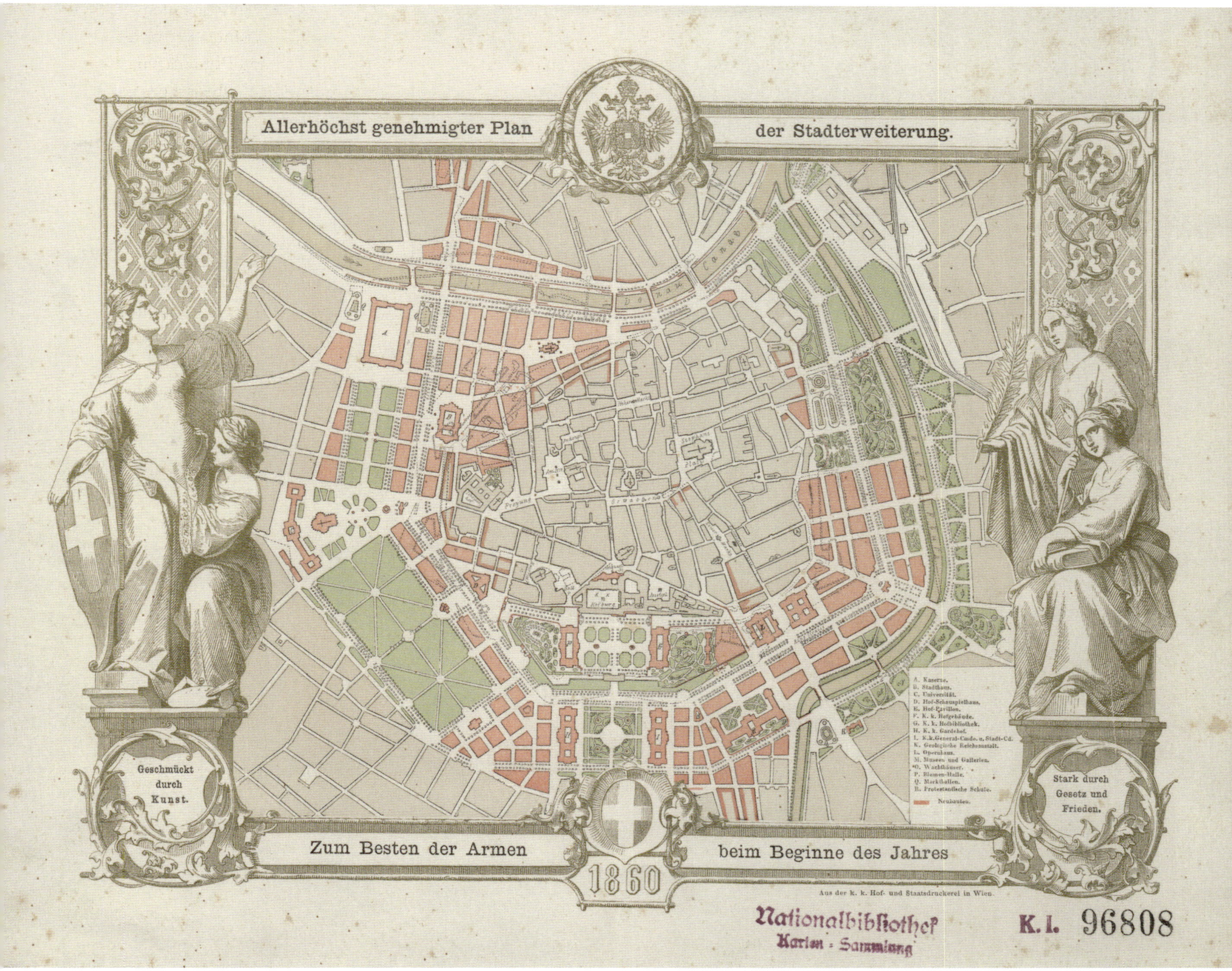
Allerhöchst genehmigter Plan
der Stadterweiterung.
A. Kaserne.
B. Stadthaus.
C. Universität.
D. Hof-Schauspielhaus.
E. Hof-Pavillon.
F. K. k. Hofgebäude.
G. K. k. Hofbibliothek.
H. K. k. Gardehof.
I. K. k. General-Cmdo. u. Stadt-Cd.
K. Geologische Reichsanstalt.
L. Opernhaus.
M. Museen und Gallerien.
O. Wachhäuser.
P. Blumen-Halle.
Q. Markthallen.
R. Protestantische Schule.
Neubauten.
Geschmückt durch Kunst.
Stark durch Gesetz und Frieden.
Zum Besten der Armen
beim Beginne des Jahres
1860
Aus der k. k. Hof- und Staatsdruckerei in Wien.
Nationalbibliothek
Karten - Sammlung
K. I. 96808

Beobachtungen wie diese sind aufschlussreich für die zeitgenössische Wahrnehmung der Ringstraße. Jenseits der professionellen Ebene des Feuilletons wissen wir jedoch nur wenig über das Urteil, das sich die Bewohner Wiens über die vor ihren Augen entstehende neue Stadt machten. Umso wertvoller sind daher Quellen wie Friedrich Schindlers „Rundschau von Wien's Neubauten" aus dem Jahr 1866 – geben sie doch die Ansichten eines bürgerlichen Stadtbewohners wieder, der einem fernen Freund möglichst genau beschreiben möchte, wie sehr sich Wien in letzter Zeit gewandelt hatte.

Beginnend mit dem literarischen Motiv des Fensterblicks wird in dem Text die subjektive Sicht eines Bewohners auf die bauliche Veränderung seiner Stadt offenbar, ergänzt um objektivierende Mittel wie Zeitungsausschnitte und Bilder. Hier zeigt sich aus der Perspektive des Beobachters und Flaneurs, welche Elemente und Aspekte der Bauten dem täglichen Stadtbenützer auffielen und erwähnenswert erschienen. Vor allem kommt eine ungeheure, heute kaum mehr nachvollziehbare Erfahrung der Veränderung der städtischen Struktur, der Größe und Formensprache der Bauten in ihrer ganzen Radikalität zum Ausdruck; der Umbau Wiens zur Großstadt war ein über Jahre und schließlich Jahrzehnte anhaltendes permanentes Ereignis – und offensichtlich in mancher Hinsicht auch ein Ärgernis.

Abb. 33: Blick auf das Parlament, im Hintergrund Rathaus und Votivkirche, um 1882

Schindler rückt keineswegs nur die von der zeitgenössischen Kritik gelobten oder von der kunsthistorischen Forschung des 20. Jahrhunderts kanonisierten Bauten in den Mittelpunkt. Er schenkt mitunter einer Architektur die Aufmerksamkeit, die weniger durch ihre ausgewogene ästhetische Erscheinung als vielmehr durch prunkvolle Ausstattung und blanke Neuartigkeit auffällt. Die Wortwahl zur Charakterisierung der einzelnen Neubauten ist auffällig homogen. Was darin lesbar wird, ist vor allem der große formale Unterschied der Neubauten von der traditionellen und nobel-zurückhaltenden Bauart im Wien des Vormärz, die altbekannte Kulisse der Jugendzeit Schindlers und seines Freundes in der Steiermark. Schindler geht es offensichtlich darum, neben den Dimensionen der „Riesenhäuser" immer wieder auch auf den für damalige Wiener Verhältnisse außergewöhnlichen reichen plastischen Schmuck, auf Erker und Karyatiden der Neubauten hinzuweisen – dekorative Elemente, die in dieser Dichte bis dahin in der Wiener Architektur unbekannt gewesen waren.

Der verlorenen Idylle des Glacis hält Schindler ein „Bild des heutigen prächtigen, aber durchaus ungemüthlichen Wiens" entgegen. „Der Gesichtskreis", so Schindler während er sich aus dem Fenster seiner Wohnung an der neuen, staubigen Lastenstraße lehnt, „hat sich verringert", ist durch Neubauten eingeschränkt. Seit jeher bekannte Orientierungspunkte – Karlskirche, Oberes Belvedere – sind hinter „riesigen Neubauten" verschwunden. Das „Durcheinander" der im Entstehen begriffenen Stadt ist ihm „wenig erquiklich". Und doch war das, was sich Schindler im Jahr 1866 bei der Sicht aus einem seiner Fenster bot, nur ein Vorgeschmack auf die Veränderungen der folgenden Jahrzehnte. Nur zu gern hätte man Nachricht über seine Ansichten zur Bebauung des Paradeplatzes, die erst nach 1870 begonnen wurde und Schindler endgültig die Sicht auf die Innere Stadt verstellen sollte – in weit größerem Ausmaß, als er sich 1866 hätte träumen lassen.

Abb. 34: Kärntner Ring, Blick auf die Gebäude an der Ecke zur Kärntner Straße, um 1872; Wilhelm Burger

Abb. 35: Palais Ludwig Viktor am Schwarzenbergplatz, um 1900

Im Jahr zuvor hatte Kaiser Franz Josef den neuen Boulevard mit der traditionellen Praterfahrt am 1. Mai 1865 eröffnet. Die von dürftigen „Zukunfts-Alléen" gesäumte Straße wirkte damals wohl in erster Linie wie das Versprechen einer künftigen Metropole. Gestalt nahm die neue Stadt vor allem am Opern- und Kärntner Ring an, wo bereits die ersten Palais und Wohnhäuser begutachtet werden konnten; mit dem Schwarzenbergplatz entstand seit 1863 die erste planmäßige Platzanlage im Ringstraßenbereich. 1866 befanden sich hier die beiden ranghöchsten und auch für die Platzgestaltung wichtigsten Gebäude in Bau, das Palais Erzherzog Ludwig

Abb. 36: Schwarzenbergplatz, um 1876
Wilhelm Burger

Abb. 37: Palais Wertheim am Kärntner Ring, um 1875
Ludwig Angerer

Viktors und jenes des Kaufmanns Franz Wertheim. Geplant von Heinrich Ferstel, waren die beiden Paläste Symbole der alten wie auch der neuen gesellschaftlichen Eliten, die nun die Kultur der Reichshaupt- und Residenzstadt maßgeblich bestimmen sollten. Am Schubert- und Parkring erhoben sich besonders elegante Wohnhäuser, deren Lage und Ausstattung auch der Nähe zum 1862 eröffneten Stadtpark geschuldet waren. Auch im Norden, rund um den Rudolfsplatz, entstand gehobene Wohnbebauung. Ansonsten aber herrschte gähnende Leere über den Flächen des ehemaligen Glacis. Im Jahr 1866 sah Friedrich Schindler einer Großstadt beim Entstehen zu.

Abb. 38: Burgring, Blick in Richtung Äußeres Burgtor, um 1865

Abb. 39: Schubertring, um 1876
Wilhelm Burger

Im Bereich der 1866 bereits weitgehend fertiggestellten Bebauung des Opernrings mit seinen „prachtvollen" Häusern beeindruckte Schindler zunächst jenes weitläufige Wohn- und Verwaltungsgebäude, das Erzherzog Albrecht 1862/63 nach Plänen Anton Heffts in unmittelbarer Nähe zu seinem Palais, der heutigen Albertina, hatte errichten lassen: Das Gebäude – heute als „Hanuschhof" bekannt – wandte seine Hauptfassade dem Burggarten zu. Die hohen Dachaufbauten erinnerten an den zu jener Zeit gerade großzügig erweiterten Pariser Louvre; von diesen „sonderbaren Giebeln auf dem Dache", so Schindler ungläubig, erzählte man sich, „dieselben seyen zum Wegnehmen, und man könne Oben Kanonen aufführen". In dieser Bemerkung kommt das große Misstrauen der Wiener Bevölkerung gegenüber der Obrigkeit nach der Revolution von 1848 zum Ausdruck. Die militärische Vergangenheit des Areals war den Zeitgenossen auch noch im zivilen Raum der Ringstraße präsent.

Sichtlich beeindruckt war Schindler vom Palast des Schwechater Bierbrauers Anton Dreher an der Ecke Opernring / Operngasse, der vor allem durch die Vielfalt seiner Unterhaltungsmöglichkeiten zu den beliebtesten Orten der Ringstraße zählte: „Das Haus ist wundervoll gebaut, die Vestibule reitzend gemalt und die Stiegen imposant mit Marmor und Bronce ausgestattet." Da die Fundamente des Palais im Stadtgraben gelegt wurden, mussten nicht weniger als sechs Kellergeschoße gebaut werden. Der Innenhof war um ein volles Geschoß abgesenkt, sodass im Souterrain ein Biergarten eingerichtet werden konnte, während im Parterre ein vom jungen Otto Wagner eingerichtetes elegantes Kaffeehaus zum Verweilen einlud, „über alles Lob erhaben, Confort élégance, Pracht in Spiegeln und Decorirung, alles vereint, um den verwöhntesten und blasirten Menschen zu befriedigen".

Das Palais Dreher, von Franz Ehmann jun. 1863/64 erbaut, zählte zu den luxuriösesten Wohnbauten der Ringstraße.[5] Nach schweren Beschädigungen im Zweiten Weltkrieg wurde das Gebäude abgebrochen und durch einen Neubau ersetzt. Auch das Palais Dreher orientierte sich an französischen Vorbildern und entsprach damit ganz dem Wiener Geschmack der frühen 1860er-Jahre. Wieder waren es vor allem die steilen, reich verzierten Dachaufbauten, die dem Gebäude eine Pariser und damit eine deklariert weltstädtische Note gaben. Was beim Publikum ankam, fand indes keine Gnade vor den Augen der Kritiker. Karl Weiss ärgerte sich 1864 über die „zärtliche Neigung für den neunapoleonischen Hofstil", die sich an der Ringstraße, noch dazu in unmittelbarer Nähe zur kaiserlichen Hofburg, breitgemacht habe, und ein anonymer Autor beklagte 1866 den schädlichen französischen Einfluss, der durch „unförmliche zwecklose Kuppelaufsätze, ausgeschweifte verzerrte Giebel und sehr zopfige Ornamente" zum Ausdruck komme.[6]

Auch von Reformatoren des Wiener Kunstgewerbes wie Rudolf Eitelberger und Jacob von Falke wurden französische Formen rigoros abgelehnt. Aufgrund der Vorbilder aus dem „dekadenten" *dix-huitième* galt französische Importware als stil- und geschmacklos. Stattdessen wurde in der heimischen Kunstindustrie die italienische Renaissance als Vorbild für einen nationalen österreichischen Stil propagiert.[7] In den Jahren nach 1865 wurde auch in der Architektur, insbesondere im Wohnbau, ein unverwechselbarer „Wiener Stil" ausgeprägt, der sich durch die Orientierung an der italienischen Renaissance auszeichnete und über die Grenzen Österreichs Strahlkraft erlangte.

Abb. 40: Palais Dreher am Kärntner Ring, im Vordergrund die Oper, um 1900

Als Friedrich Schindler seinen Spaziergang im Stadterweiterungsgebiet unternahm, war von den großen öffentlichen Bauten, die der Ringstraße ihr unverwechselbares Gesicht geben sollten, noch kein einziger vollendet. 1869 wurde die Hofoper eröffnet, erst in den 1870er-Jahren begann der Bau der Museen und des Burgtheaters, des Parlaments, der Universität und des Rathauses. Noch zur Weltausstellung 1873 präsentierte sich die Ringstraße als Baustelle und wurde als eigene Sehenswürdigkeit beworben. Der deutsche Kritiker Friedrich Pecht schrieb damals treffend, die Ringstraße sei „die merkwürdigste und bedeutendste architektonische That der modernen Zeit. Denn keine anderen der unzähligen Straßen, die sie gebaut, spricht die Art ihrer Bewohner wie die Zeit, in der sie entstanden, die socialen Verhältnisse, die sie erzeugt, so charakteristisch und so eigenthümlich künstlerisch energisch motivirt aus. Wer die Ringstraße gesehen, kennt die herrschenden und treibenden Mächte der Stadt".[8]

1 Rudolf Eitelberger: Die Erweiterung der inneren Stadt Wien und die Preispläne I., in: Wiener Zeitung, 2. April 1859, S. 4.

2 Jean-Louis Pascal: Exposition universelle de Vienne. Transformation de Vienne, in: Revue générale de l'architecture et des travaux publics 30 (1873), Spalte 252.

3 Vgl. Wolfgang Kos, Christian Rapp (Hg.): Alt-Wien. Die Stadt, die niemals war (Ausstellungskatalog Wien Museum), Wien 2004.

4 Daniel Spitzer: Wiener Spaziergänge, Wien-Leipzig 1880, S. 158–159.

5 Über die Schwierigkeiten, die den Bau begleiteten, vgl. Cajetan Felder: Erinnerungen eines Wiener Bürgermeisters, Wien-Hannover-Bern 1964, S. 86–87.

6 Zit. nach Elisabeth Springer: Geschichte und Kulturleben der Wiener Ringstraße (Die Wiener Ringstraße, Bd. II), Wiesbaden 1979, S. 429.

7 Vgl. Gottfried Fliedl: Kunst und Lehre am Beginn der Moderne. Die Wiener Kunstgewerbeschule 1867–1918, Salzburg-Wien 1986, S. 117–121.

8 Friedrich Pecht: Kunst und Kunstindustrie auf der Wiener Weltausstellung 1873, Stuttgart 1873, S. 10.

CHRISTIAN MARYŠKA

Die prächtigste moderne Stadt der Welt*

Kunst und Kultur inmitten der größten Baustelle Europas

Alle Theater gefüllt, Applaus erschüttert den Tonsaal –
Und so bewegt sich auch Wien wieder im alten Geleis.
Amt und Geschäft durchkreuzen die Straßen, auf glitschigem Pflaster
Humpelt der Omnibus, rast der Fiaker dahin:
Equipagen dazwischen, von stolzen Trabern gezogen,
Halten vor jedem Palast, wo man Besuche empfängt;
Stattliche Leute zu Fuß vereint der gewohnte Spaziergang,
Wohlig in Pelze gehüllt, schreiten sie über den Ring.[1]
Ferdinand von Saar, 1893

Die Ringstraßenarchitektur und die Epoche des Historismus fand in Fachkreisen bis in die 1960er-Jahre nur geteilte Zustimmung. In jener Zeit, als die Österreichische Nationalbibliothek die historistischen Räumlichkeiten in der Neuen Burg bezog, schrieb der Kunsthistoriker und Oberstaatsbibliothekar der Nationalbibliothek, Walther Buchowiecki, äußerst negativ über die Gründerzeitbauten. Bei den Museumsbauten gegenüber der Burg „wimmelt es […] von bedenkenlosen Plagiaten: Die Kuppelgruppen gehen auf Val-de-Grâce in Paris zurück; Stiegenhäuser und Kuppelräume finden sich in Schloss Caserta bei Neapel wieder. […] Ferstels Universität in italienischer Renaissance besitzt Stiegenhäuser, deren Urbild in Genua bewundert werden kann, und einen großen Hof, der sich den Palazzo Farnese in Rom zum Muster nahm. Das Burgtheater, der letzte repräsentative Bau der Ringstraße, ein Gemeinschaftswerk Sempers und Hasenauers, präsentiert sich im vorgebauten Mittelteil in der Art von Michelangelos Capitolspalästen in Rom und besitzt zwei Annexe für Stiegenhäuser, die Sansovinos Markusbibliothek in Venedig nachempfunden sind. […] Die Ringstraße als Ganzes kann heute nur mehr mit Vorbehalt als optimale Lösung gewertet werden.“[2] Erst in den 1970er-Jahren begann die kunstgeschichtliche Rehabilitierung des Historismus.

Abb. 41: Nikolaus Dumba in seinem Arbeitszimmer, um 1890

LITERATUR

Zur Kunst und Kultur der Ringstraßenzeit fallen in der Regel zunächst Namen wie Makart und Strauß, also Namen von Repräsentanten bildender Kunst und Musik. Schriftstellerinnen und Schriftsteller stehen eher im Hintergrund. In seiner bahnbrechenden Studie über die Literatur der Wiener Gründerzeit konstatiert Karlheinz Rossbacher eine „schwache Position der Literatur“[3] gegenüber den anderen Künsten. Sowohl zeitgenössische Befunde wie auch Meilensteine der Aufarbeitung der Epoche geben dieser These recht. In einem der bedeutendsten historistischen Interieurs, nämlich im Arbeitszimmer bzw. der Bibliothek von Nikolaus Dumba, werden die Künste durch Makart exemplarisch visualisiert, nämlich Bildhauerei, Malerei und Musik. Was bei dieser Apotheose aber fehlt, ist die Dichtung. Und im großen Forschungsprojekt[4] von Renate Wagner aus den 1970er-Jahren, das erstmals die Architektur der Ringstraße in einer voluminösen Studie würdigt, kommt die Literatur nicht vor.

Fast scheint es, als wäre nach Stifter und Grillparzer ein literarisches „dark age“ eingezogen und erst durch die Literatur des Fin de Siècle mit Hofmannsthal und Schnitzler wieder in den Mittelpunkt der Aufmerksamkeit gerückt. Vielleicht liegt es auch daran, dass die Wiener Schriftsteller eher kleinere literarische Formen präferierten. Im Gegensatz zu Städten wie London oder Paris war die Gattung des Romans eindeutig unterrepräsentiert. In der Wiener Literatur des letzten Drittels des 19. Jahrhunderts vermisst man nach dem Fall der Basteien Großstadtromane, die sich den dynamischen Prozessen der Stadtentwicklung widmen wie etwa Charles Dickens im viktorianischen London oder Emile Zola im Paris des Second Empire. In Ermangelung solcher Wiener Metropolenromane druckt etwa die Neue Freie Presse 1882 Zolas Roman „Pot-Bouille“ unter dem deutschen Titel „Geschichte eines Bürgerhauses“ ab. Vielleicht ist sogar erst Arthur Schnitzlers Roman „Der Weg ins Freie“ von 1908, der ein präzises Bild der Wiener Gesellschaft der 1890er-Jahre skizziert, als erster Wiener Großstadtroman zu betrachten. Schnitzler war wohl auch der einzige Wiener Dichter von internationalem Format, der als Kind und Jugendlicher direkt an der Ringstraße wohnte.[5] Zwischen 1871 und 1893, also von seinem neunten bis zu seinem 21. Lebensjahr, logierte er an der Adresse Burgring 1 und konnte so den Bau der Neuen Burg hautnah mitverfolgen. Als 30-Jähriger erinnert er sich an jene Jahre: „Und wenn ich einmal über den Ring bummle, im Frühjahre, und ich fühle mich behaglich, so merke ich gleich, dass ich eigentlich ein Herr von 1870 bin, und ich sehe alle die Leute, wie ich sie auf Bildern nach vielen Jahren sehen würde.“[6]

Generell war es die Ausnahme, dass Künstler direkt am Ring wohnten. Franz von Suppé (1819–1895) am Opernring 23, der Schriftsteller und Journalist Ludwig August von Frankl-Hochwart (1810–1894) am Opernring 10 und der Maler Andreas Groll (1850–1907) am Schottenring 28 sind rare Beispiele dafür.[7]

FEUILLETON

Eine literarische Gattung erlebte ohne Zweifel ihre Hochblüte in der zweiten Hälfte des 19. Jahrhunderts: das Feuilleton. Allerdings wurde und wird es eher dem Journalismus zugerechnet und weniger der Literatur. Ein mögliches Erklärungsmodell wäre, dass talentierte Schreiber von der Presse gefördert, engagiert und so für den Journalismus quasi abgeworben wurden.

Abb. 42: Baubeginn der Neuen Burg. Blick auf Erdarbeiten und Bauhütten am Burgtor, um 1881
Ausblick möglicherweise von jenem Haus, in dem Arthur Schnitzler seine Jugendjahre verbrachte.

Neben der seit dem 18. Jahrhundert existierenden *Wiener Zeitung* gab es in der zweiten Hälfte des 19. Jahrhunderts rund zehn bedeutende Tageszeitungen in der Hauptstadt: *Die Presse* (ab 1848), das *Fremden-Blatt* (ab 1849), *Das Vaterland* (ab 1860), die *Neue Freie Presse* (ab 1864), das *Neue Wiener Tagblatt* (ab 1867), die *Deutsche Zeitung* (ab 1871), das *Illustrirte Wiener Extrablatt* (ab 1872), die *Wiener Allgemeine Zeitung* (ab 1880) und die *Volkszeitung* (ab 1888). In der *Neuen Freien Presse* schrieb Hugo Wittmann über Literatur, Ludwig Speidel über das Theater und Eduard Hanslick über Musik. Im *Neuen Wiener Tagblatt* verfasste Friedrich Schlögl wie auch sein Nachfolger Eduard Pötzl „Kleine Kulturbilder aus Wien". Friedrich Uhls Feuilletons erschienen ab 1872 in der *Wiener Zeitung,* deren Chefredakteur er war. Ludwig Hevesi schrieb für das *Wiener Fremdenblatt.* Daniel Spitzer begann bei der *Presse* und wechselte 1873 zur *Neuen Freien Presse.* Häufig wurden später die gesammelten Feuilletonbeiträge in Buchform publiziert. Formal gesehen hatte das Feuilleton einen fixen Platz in der Tagespresse. Das unterste Drittel der Titelseite war dafür reserviert und durch eine horizontale Linie vom Aufmacher getrennt. Dieser prominente Ort „unter dem Strich" sicherte diesen Texten eine hohe Aufmerksamkeit und eine große Leserzahl. Daniel Spitzer lieferte auch gleich eine eingängige Definition für diese Textsorte: „Ein Artikel, der nicht in die Zeitung gehört und doch darin steht, ist ein Feuilleton." Die neue Ringstraße bot für die Lektüre dieser tagesaktuellen Sprachkunstwerke gleich den passenden Ort, nämlich die zahlreichen Ringstraßencafés. Zur Hochzeit gab es mehr als 30, 1889 immerhin noch 15 Kaffeehäuser, die direkt an der Prachtstraße zu finden waren.

Abb. 43: Daniel Spitzer
Josef Löwy

SALON

Man kann wohl sagen, dass die Institution des literarischen Salons in der Tradition und Nachfolge der klassischen französischen Salons des 17. und 18. Jahrhunderts in Wien erst durch die Gründerzeit und das Ende des Neoabsolutismus seine Hochblüte erfuhr. Die liberale Ära war ein idealer Nährboden dafür. Etabliert hatte sich diese Geselligkeitsform im biedermeierlichen Wien mit dem Salon der Caroline Pichler, wo bereits Grillparzer häufig zu Gast war. Als „sozial neutraler Raum"[8] ermöglichte und erleichterte er die Teilnahme von Frauen, die als Salonièren auch häufig die Gastgeberinnenrolle übernahmen. In privaten Wohnungen und Häusern traf sich eine handverlesene Teilnehmerzahl. Es wurden auch Themen verhandelt, die in der Öffentlichkeit so nicht besprochen werden konnten. Vor allem wurden dadurch auch Künstler- und Schriftstellerkarrieren gefördert und soziale Netzwerke erschlossen.[9]

Die Wiener Salons waren allerdings kein homogenes Phänomen. Es gab welche, die nahe beim Hochadel angesiedelt waren wie der Salon – oder besser die Soireen – von Marie von Hohenlohe (1837–1920) im Augartenpalais. Sie war die Gattin von Konstantin von Hohenlohe-Schillingsfürst, des langjährigen Obersthofmeisters (1866–1896) von Kaiser Franz Joseph und damit des höchsten Kulturbeamten im Kaiserstaat.[10] Hier trafen hoffähige Mitglieder der Hocharistokratie auf bürgerliche Frauen und Männer aus Kunst und Wissenschaft. Zu den Gästen zählten eine Reihe von Ringstraßenarchitekten, Hans Makart, Rudolf von Eitelberger sowie Franz Liszt während seiner zahlreichen Wien-Besuche. Hohenlohe war auch dafür verantwortlich, dass das „ungewöhnliche Kunstgenie" Makart 1869 durch kaiserliche Entschließung nach Wien geholt wurde, da mit ihm ein „Aufschwung für die Kunst zu erwarten sein wird".[11] So wurde bei diesen Veranstaltungen auch über zukünftige Künstlerkarrieren entschieden. Ein wenig in Konkurrenz zu den Hohenlohes standen ab 1871 die salonähnlichen Veranstaltungen der Pauline von Metternich (1836–1921), der Enkelin von Kanzler

Abb. 44: Fürstin Pauline Metternich
Emil Rabending

Abb. 45: Blumenkorso mit Pauline Metternich im Prater, 23. Mai 1902

Metternich, in ihrem Palais am Rennweg. Ihre „Events", die auch Bälle, den Frühlingskorso im Prater und Kostümfeste umfassten, waren häufig Benefizgalas für wohltätige Zwecke. Sie war die Charity-Lady der Gründerzeit mit einem Hang zur Selbstinszenierung und eine der wenigen Hochadeligen, die Mitglieder der sogenannten „Zweiten Gesellschaft" in ihr Palais luden. Dazu zählten Beamte, Wirtschaftstreibende, Offiziere, Künstler und Vertreter der freien Berufe, die trotz Nobilitierung Bürgerliche blieben. Allerdings hatte ihre Einladungspolitik auch Grenzen, so blieben die Türen für Dichter und Literaten verschlossen.[12]

Durch die Etablierung neuer informeller Salons kamen aus dem liberalen Bürgertum und den *nouveaux riches* der Gründerzeit neue Impulse für das Kulturleben. Die verschwägerten Entrepreneursfamilien Auspitz-Lieben-Todesco-Gomperz-Wertheimstein-Königswarter errichteten nicht nur repräsentative Ringstraßenpalais, sondern spielten im Wiener Kulturleben eine wichtige Rolle. Josephine von Wertheimstein, geborene Gomperz (1820–1894), von einem französischen Schriftsteller als „reine poétique de la société Viennoise"[13] bezeichnet, führte bereits vor 1848 einen schöngeistigen Salon in der Singerstraße, ab 1870 wird die Villa Wertheimstein in Döbling unter Mithilfe ihrer Tochter Franziska (Franzi) von Wertheimstein (1844–1907) zu einem der literarischen Zentren Wiens, zu deren Stammgästen Eduard

Abb. 47: Sophie Todesco
Ludwig Angerer

Abb. 46: Palais Todesco, Kärntner Straße 51, um 1880
A. F. Czihak

von Bauernfeld und Ferdinand von Saar zählten. Josephine sollte 1871 gemeinsam mit ihrer Schwester Sophie Todesco, Iduna Laube und Christine Hebbel den Grillparzer-Preis für dramatische Literatur initiieren.[14] Sophie Todesco, geb. Gomperz (1825–1895), war wohl die einzige Gastgeberin, die ihren Salon tatsächlich in einem Ringstraßenbau abhalten konnte, nämlich im Palais Todesco in der Kärntner Straße gegenüber der Hofoper. Ab 1864 versammelte sie Gäste aus Kunst, Wirtschaft und Politik.

Für das Theater war der Salon von Iduna Laube (1808–1879) von Bedeutung. Während der Direktionszeit ihres Mannes Heinrich Laube am Burgtheater fanden sich in den 1860er-Jahren täglich vor Beginn der Abendvorstellung fast alle Burgschauspielerinnen und Burgschauspieler sowie weitere Gäste in der Wohnung am Stoß im Himmel ein.[15] Die Liste der Wiener Salons ließe sich noch fortsetzen. Es gab einen beim Glaswarenfabrikanten Ludwig Lobmeyr, beim Verlagsbuchhändler Leopold Rosner oder bei einer Redakteurin der Wiener Zeitung, Flora Galliny (Pseudonym Bruno Walden).[16] Berta Zuckerkandl (1864–1945), die Tochter des liberalen Zeitungsverlegers und Herausgebers des Neuen Wiener Tagblatts Moritz Szeps, führte schließlich im Fin de Siècle die Tradition des literarischen Salons ins 20. Jahrhundert.

Abb. 48: Marie Geistinger als „Rosalinde" in der Operette „Die Fledermaus" von Johann Strauß, 1874

THEATER UND MUSIK

Für Theater und Oper wurden direkt an der Ringstraße drei repräsentative Gebäude errichtet, 1869 die Hofoper, 1874 die Komische Oper, später in Ringtheater umbenannt, und 1888 das Hofburgtheater. In unmittelbarer Nachbarschaft zur Ringstraße entstanden 1872 das Wiener Stadttheater auf der Seilerstätte, 1888 als Ronacher wiedererrichtet, und das Deutsche Volkstheater 1889 am Weghuberpark. In Konkurrenz zum Alten Burgtheater, das in der Wahl des Spielplans ob seiner Zugehörigkeit zum kaiserlichen Obersthofmeisteramt nicht ganz frei war, versuchte das Stadttheater ab 1872 unter der Direktion des ehemaligen Burgtheaterdirektors Heinrich Laube (bis 1880) eine fortschrittliche Programmierung zu etablieren. So erlebten Ibsens sozialkritische Dramen wie etwa „Nora" 1881 ihre Wiener Uraufführung am Stadttheater. Im Mai 1884 wurde das Stadttheater allerdings trotz der strengeren feuerpolizeilichen Maßnahmen nach dem verheerenden Ringtheaterbrand von 1881 mit fast 400 Toten ein Raub der Flammen. Der nun vorgeschriebene Eiserne Vorhang – mitsamt dem Bühnenvorhang von Hans Makart – hielt dem Brand nicht stand, allerdings waren keine Menschenleben zu beklagen, da das Feuer am Nachmittag ausbrach. Das Theater an der Wien war in der zweiten Hälfte des 19. Jahrhunderts sowohl ein Ort für das Sprechtheater als auch Ort für das Musiktheater. Die Stücke von Ludwig Anzengruber hatten dort ihre Uraufführung. Das Haus wurde zum Forum

Abb. 49: Charlotte Wolter als „Messalina". Studienaufnahme für Hans Makarts gleichnamiges Gemälde, 1875 Josef Székely

der „Offenbachiaden", der Operetten von Jacques Offenbach, mit pfiffigen Libretti und schwungvoller Musik, die sich in Wien rasch großer Beliebtheit erfreuten. So wurde 1865 „Die schöne Helena" von Offenbach mit dem neuen Star Marie Geistinger aufgeführt, die von 1869 bis 1875 auch als Kodirektorin fungierte. Am Theater an der Wien fanden auch eine Reihe von Operetten von Johann Strauß und Carl Millöcker ihre Uraufführung, etwa die „Fledermaus" 1874 mit *der* Geistinger als Rosalinde. Dass das Starsystem bereits im Wien des 19. Jahrhunderts gut honoriert worden war, zeigen die Einkünfte der Spitzenkräfte in der ausgewiesenen Theaterstadt. Marie Geistinger erhielt die schier unglaubliche Summe von 15.000 Gulden Jahresgage am Theater an der Wien. Im Vergleich dazu bekam Anzengruber für zwei Stücke pro Jahr nur 1.200 Gulden.[17] Charlotte Wolter bekam 1871 an der Burg eine vergleichbare Summe von 12.000 Gulden.

Die Musikstadt Wien war nicht allein ein bürgerliches Phänomen, sondern auch eines der populären Massenkultur. Wenn man die Gründerzeit vor allem mit der Musik von Strauß und dem häufig herbeizitierten Wagner-Kult verbindet, sollte man nicht vergessen, dass abseits der Ringstraße andere, beim „einfachen Volk" beliebtere musikalische Genres regierten. In der Vorstadt, außerhalb der Linien und vor allem in Neulerchenfeld, gab es eine Unzahl von Gasthäusern mit angeschlossenen Vergnügungssälen und Singspielhallen. Dort konnte man zu günstigen Eintrittspreisen Auftritten von Volkssängern und Volkssängerinnen wie Edmund Guschelbauer, Johann Fürst, Ignaz Nagel, Anton Amon, Luise Montag, Fanny Hornischer oder der „Fiaker-Milli" Emilie Turecek-Pemer beiwohnen. Die meisten Namen sind heute vergessen, sie waren aber zur Hochzeit der Volkssänger umjubelte Superstars.

Abb. 50: Hans Makart in Renaissancekostüm, 1879 Ludwig Angerer

BILDENDE KUNST

Wenn der Historiker Heinrich Benedikt die Jahre vom Ausgleich mit Ungarn bis zum Börsenkrach, 1867 bis 1873, als die sieben fetten Jahre bezeichnete, so könnte man diese treffende Bezeichnung auf das Terroir der bildenden Künste übertragen. Das Künstlerhaus und das Österreichische Museum für Kunst und Industrie, das heutige MAK, wurden eröffnet, der Neubau der Akademie am Schillerplatz genehmigt, eine Kunstgewerbeschule gegründet und Hans Makart nach Wien engagiert.

Am 1. September 1868 wurde in Anwesenheit des Kaisers das Wiener Künstlerhaus feierlich eröffnet, das von der 1861 gegründeten Genossenschaft bildender Künstler Wiens erbaut wurde. In der „Dritten Allgemeinen Deutschen Kunst-Ausstellung", der Eröffnungsschau, waren mehr als 1.000 Kunstwerke von über 400 Künstlern zu sehen. In den kommenden zehn Wochen besuchten mehr als 50.000 Besucher die Ausstellung. Dabei war der Eintrittspreis von fünf Gulden unermesslich hoch.[18] Am Abend der Eröffnung fand in den Blumensälen der Gartenbau-Gesellschaft ein Künstlerfest statt. Die Brüder Strauß spielten und als Höhepunkt erklang der Walzer „An der schönen blauen Donau". Bereits damals, eineinhalb Jahre nach der Uraufführung, konnte man in der Tagespresse lesen, wie dieses Stück die Gäste in seinen Bann zog. Es „schien die ganze Versammlung elektrifiziert, wie dies immer der Fall ist, wenn dieses prächtige Tanzstück ertönt."[19] In der Folge etablierte sich das Haus am Karlsplatz als erster Ausstellungsort für bildende Kunst in Wien – bis zur Gründung und Abspaltung der Secession am Ende des 19. Jahrhunderts. Im Folgejahr 1869 kam Hans Makart nach Wien und wurde zum gefeierten Malerfürsten, der alle anderen Maler seiner Epoche in den Schatten stellen sollte. Nie zuvor, und wohl auch nie danach, war ein Maler in Wien so populär gewesen. Sein Atelier in der Gußhausstraße konnte täglich besucht werden. 1873 wurde im Künstlerhaus als Konkurrenzveranstaltung zur Weltausstellung eine Schau gezeigt, die genau ein Kunstwerk umfasste, nämlich Makarts Monumentalgemälde „Venedig huldigt der Caterina Cornaro", das von der Kunsthandlung Miethke & Wawra in Auftrag gegeben wurde. Das Projekt der Kunsthändler war gewagt, zahlten sie doch 50.000 Gulden Honorar an Makart und 45.000 Gulden Miete, doch durch den Eintrittskartenverkauf und Merchandising durch den Verkauf von Reproduktionen konnten sie trotz Börsenkrach ausgeglichen bilanzieren.[20] Das Ausstellungsformat sollte zu einem Erfolgsmodell werden. Fünf Jahre später, Makart war nun Akademieprofessor, wurde sein Gemälde „Der Einzug Karl V. in Antwerpen" für die Weltausstellung in London 1878 ein Monat im Künstlerhaus gezeigt. Nachdem Damen aus der „besseren Gesellschaft" dafür Modell gestanden hatten, war der Andrang groß, wie der Feuilletonist Ludwig Speidel vermerkte: „Ein Zug der Neugierde, der nach dem Künstlerhause strebt, geht durch alle Schichten der Bevölkerung, und wer das Bild von Makart nicht gesehen, ist vom Tagesgespräch ausgeschlossen. An der Kasse drängen sich die Menschen, um ihre Silberlinge loszuwerden, ja Polizei mußte aufgeboten werden, um den ausschweifenden Kunstsinn der Wiener in die ihm gebührenden Schranken zurückzuweisen. Über die Stadt der Musik, des Schauspiels, des geselligen Vergnügens ist plötzlich ein leidenschaftlicher Geschmack an einem Werk der bildenden Kunst gekommen. Wie hängt das zusammen? […] Es ist Wiener Erzeugnis, hervorgegangen aus einem Kompromiß zwischen Kunst und Leben, nämlich aus der lebhaften Neigung des Künstlers, nackte Weiblichkeit zu malen, und aus der Bereitwilligkeit der zum Teil der guten Gesellschaft angehörigen Modelle, der Neigung des Künstlers bis zu einer gewissen Grenze entgegenzukommen. Kein Wunder, daß Wien sich lebhaft für ein Bild interessiert, an dem es so wesentlich mitgearbeitet."[21] Wenig später gab es drei weitere Kolossalgemälde-Ausstellungen im Künstlerhaus. Im November 1878 wurde Jan Matejkos „Schlacht bei Grunwald" gezeigt, im Jänner 1879 Mihály von Munkácsys „Milton diktiert seinen Töchtern das Verlorene Paradies" und unmittelbar danach Václav Brožíks „Die Gesandten von

Abb. 51: Das große Atelier von Hans Makart, um 1875
Victor Angerer

Ladislaus Postumus am Hofe Karl VII.", wobei die beiden letzteren Werke auf der Weltausstellung 1878 in Paris zu sehen waren. Ein weiteres Ausstellungsformat waren Präsentationen von Kunstsammlungen einiger Ringstraßenpalais-Besitzer. 1871 wurden die Auftragsgemälde von Makart für den kunstsinnigsten Mäzen der Ringstraßenära, Nikolaus Dumba, drei Tage lang der Öffentlichkeit präsentiert. 1882 zeigt man die Gemäldesammlung von Friedrich Schey von Koromla und 1890 die Kunstsammlung von Moriz von Königswarter. 1882 wurden mit der „Ersten Internationalen Kunst-Ausstellung" die neuen Säle des erweiterten Künstlerhauses eröffnet. Mit fast einer Viertelmillion Besuchern sollte dies die erfolgreichste Ausstellung des 19. Jahrhunderts werden. Der Kaiser eröffnete die Schau und nach einem Rundgang mit Makart durch die österreichische Abteilung bemerkte er zufrieden: „Wir sehen ganz gut aus!"[22] Während der Weltausstellung 1873 fand im Museum für Kunst und Industrie der „Erste kunstwissenschaftliche Kongress" statt.[23] Initiiert von Direktor Rudolf von Eitelberger, seit 1863 ordentlicher Professor für Kunstgeschichte an der Universität Wien, sollte diese Veranstaltung die junge Kunstgeschichte in ihrer Profession stärken. Kernfragen wie etwa die Katalogisierung und Konservierung von Kunstwerken, der kunstgeschichtliche Unterricht oder die Frage der adäquaten Reproduktion wurden dabei verhandelt. Ein Jahr davor, 1872, besuchte der berühmte Schweizer Kunsthistoriker Jacob Burckhardt die Kaiserstadt und schrieb begeistert aus einem Kaffeehaus an seine Schwester Margaretha nach Basel: „Hier in Wien ziehe ich nun seit 24 Stunden herum und staune über den enormen Luxus des Privatbaues und Speculationsbaues, welcher allen Boulevard de Sébastopol und andere Pariser Bauten beträchtlich hinter sich läßt; fabelhaft reiche Sculpturen, Reihen von Statuen etc. […]"[24]

EPILOG

Am Ende des 19. Jahrhunderts fehlte unter den neu errichteten Kulturbauten der Ringstraßenzone ein Gebäudetypus, der eigentlich im kaiserlichen Handbillet von 1857 geplant war, explizit erwähnt wurde und in den zwei großen europäischen Metropolen London und Paris gerade im Entstehen begriffen war – eine Bibliothek mit großem Lesesaal: „Auf die Herstellung öffentlicher Gebäude, namentlich [...] einer Bibliothek [...] ist Bedacht zu nehmen und sind die hiezu zu bestimmenden Plätze unter genauer Angabe des Flächenausmaßes zu bezeichnen."[25] In jenem Jahr 1857 wurde in London der Kuppel-Lesesaal der British Museum Library eröffnet, 1868 dann der Lesesaal (heute Salle Labrouste) der Bibliothèque nationale in Paris. Vielleicht ist ja deshalb das eingangs zitierte Urteil des ehemaligen Staatsbibliothekars Buchowiecki über die Architektur der Ringstraße so negativ ausgefallen, weil er seine bibliothekarischen Tätigkeiten nicht im historistischen Ambiente, sondern in den verwinkelten Räumen der alten Hofburg verrichten musste, in der die Nationalbibliothek noch bis in die frühen 1960er-Jahre beheimatet war.

* Jakob Burckhardt, 1884. Zit. n. Kurt Meyer: Von der Stadt zur urbanen Gesellschaft. Jacob Burckhardt und Henri Lefebvre. München 2007, S. 60. Der Bau der Wiener Ringstraße wurde in der zeitgenössischen Literatur häufig als „größte Baustelle Europas" apostrophiert, in jüngster Zeit fand der Superlativ auch für das Areal des Wiener Hauptbahnhofes Verwendung.

1 Ferdinand von Saar: Wiener Elegien. Hg. von Karl Wagner. Wien 1997, S. 21.

2 Walther Buchowiecki: Die Verbauung der Ringstraße. In: Karl Ziak (Hg.): Unvergängliches Wien. Ein Gang durch die Geschichte von der Urzeit bis zur Gegenwart. Wien 1964, S. 334f.

3 Karlheinz Rossbacher: Literatur und Liberalismus. Zur Kultur der Ringstraßenzeit in Wien. Wien 1992, S. 16.

4 Insgesamt erschienen im Rahmen des Projektes „Die Wiener Ringstraße – Bild einer Epoche. Die Erweiterung der Inneren Stadt unter Kaiser Franz Joseph" im Zeitraum 1969 bis 1979 15 Themenbände zu Städtebau, Bautechnik, Architektur, Malerei, Plastik, Kulturleben und zur Wirtschafts- und Sozialgeschichte.

5 Die ersten zwei Lebensjahre, die Stefan Zweig seit 1881 an der Adresse Schottenring 14 verbrachte, kann man hier vernachlässigen.

6 Arthur Schnitzler: Spaziergang. In: Deutsche Zeitung (Morgenausgabe), 6. Dezember 1893.

7 Vgl. Sylvia Mattl-Wurm: Wiener Interieurs. Wiener Künstlerwohnungen 1830–1930. Wien 1990.

8 Hannah Arendt: Rahel Varnhagen. Lebensgeschichte einer deutschen Jüdin aus der Romantik. Frankfurt-Wien-Berlin 1975, S. 38.

9 Vgl. Karlheinz Rossbacher: Literatur und Bürgertum. Fünf Wiener jüdische Familien von der liberalen Ära zum Fin de Siècle. Wien-Köln-Weimar 2003, S. 84ff.

10 Dem Obersthofmeister unterstanden die Hof-Kapelle, die Hofbibliothek, die musealen Hof-Kabinette und die Hof-Theater, während dem Oberstkämmerer die kunsthistorischen Sammlungen und erst ab 1898 auch die Hofbibliothek unterstellt war.

11 Zit. n. Elisabeth Springer: Geschichte und Kulturleben der Wiener Ringstraße. Wien 1979, S. 529.

12 Paul Vasili: Die Wiener Gesellschaft. Leipzig 1885, S. 295.

13 Rossbacher 1992, S. 74.

14 Ebd. S. 75.

15 Fred Hennings: Ringstraßen Symphonie. 1. Satz 1857–1879. Es ist Mein Wille. Wien 1963, Band 1, S. 23.

16 Rossbacher 1992, S. 71.

17 Rossacher 1992, S. 147.

18 Zum Vergleich: 5 Gulden kostete etwa das vierteljährliche Abonnement der Neuen Freien Presse. Das wären heute rund 100 Euro.

19 Neue Freie Presse, 2. September 1868, S. 7.

20 Tobias G. Natter: Die Galerie Miethke. Eine Kunsthandlung im Zentrum der Moderne. Wien 2003, S. 21.

21 Ludwig Speidel: Hans Makart und die Frauen. In: Alfred Zohner (Hg.): Kunst des Tages. Eine Sammlung Wiener Meisterfeuilletons. Wien 1946, S. 103f.

22 Neue Freie Presse (Abendausgabe), 1. April 1882, S. 2.

23 Mittheilungen des k. k. Österreichischen Museums für Kunst und Industrie, Nr. 94, 1. 7. 1873, S. 400f.

24 Jacob Burckhardt: Briefe. Basel-Stuttgart 1963, Bd. 5, S. 172f. Allerdings sind seine Betrachtungen nicht frei von antisemitischen Invektiven.

25 Entwürfe dazu gab es allerdings, etwa im Wettbewerbsbeitrag von Christian Ludwig von Förster, 1858. Er plante eine neue Hofbibliothek am Schwarzenbergplatz. Vgl. Das ungebaute Wien. 1800-2000. Projekte für die Metropole. Wien 1999, S. 60.

Abb. 52: Aquädukt der Hochquellenwasserleitung bei Kalksburg, vor 1886
Bleistiftzeichnung von Franz Alt

MARTIN SCHEUTZ

Pflasterung, Gaskandelaber, Tramway und Markthallen

Die Infrastruktur der Stadt Wien im Blick von Friedrich Schindler

Kritisch und ironisch erscheint uns heute der alternde Beamte Friedrich Schindler (1803–1890), der zuerst aus seinem Fenster in der Josefstadt blickend und später flanierend die städtebaulichen Veränderungen der prunkvollen Ringstraßenzeit Ende 1866 mit Aufmerksamkeit, aber auch Sorge betrachtete. Zukunftsoptimismus und pessimistische Abwehr „neumodischer" Einrichtungen hielten sich bei ihm die Waage, Begeisterung über neue Technik und Skepsis über den Mehrwert dieser Einrichtungen hausten in seiner Weltsicht Tür an Tür. Einerseits spielte Schindler den allwissenden Connaisseur, der den Bau der neuen „Riesenhäuser" mit gusseisernen Trägern fachmännisch beurteilte, andererseits kommentierte er für den Freund das neue Wien auch derb aus alltagsgeschichtlicher Sicht, wenn er über das neue „Linderungsasyl vulgo ‚Brunzhäusel'" (öffentliches Pissoir) sprach. Man könnte überspitzt formulieren, dass in Schindlers Seele das schnelle Neu- und das langsame Alt-Wien, die sich mitunter zu einem Streitgespräch versammelten, nebeneinander wohnten. Textlich wollte er dem fernen Freund „ein Bild des heutigen, prächtigen, aber durchaus ungemüthlichen Wiens" vermitteln.

Die Großstädte des 19. Jahrhunderts erlebten vor allem ab 1850 (Wien 1850: 426.000 Einwohner, 1880: 1.001.000) ein dynamisches Wachstum, dem die Stadtplaner der damaligen Zeit nur teilweise gewachsen waren, wie die von Friedrich Schindler 1866 geschilderte Ringstraße belegt. Die neue, „aktive" Stadt des 19. Jahrhunderts sollte geruch- und staubfrei, hygienisch und gesund, hell und schnell, menschenfreundlich geplant sowie in wirtschaftlicher, sozialer und verkehrstechnischer Hinsicht gut versorgt sein. Sowohl in Städten mit starkem Stadtrat und schwachem Bürgermeister als auch – wie in Wien – in Städten mit sich langsam entwickelnden „Bürgerkaisern" lautet das Ziel europaweit überall gleich: Eine selbstregierte, geruchlose, erleuchtete, sparsame und vor allem auch gut geplante Stadt.[1] Die Städte des 19. Jahrhunderts setzten deshalb viele Anstrengungen im infrastrukturellen Bereich, die schließlich mit dem Aufbau von städtischen Großbetrieben (Kommunalsozialismus) ende-

Abb. 53: Eröffnung des Hochstrahlbrunnens am Schwarzenbergplatz, 24. Oktober 1873

ten.[2] Am Beginn der konstitutionellen Epoche (1860er-, 1870er-Jahre) standen Infrastrukturmaßnahmen (Gas, Verkehr), die von privaten Gesellschaften vor dem Hintergrund des Stadtwachstums (erste Stadterweiterung 1850) vorgenommen wurden. Eine zweite Phase (1880er-, 1890er-Jahre) sah größer werdende Probleme mit den Privatgesellschaften und weitreichende Überlegungen zur Finanzierung der gewachsenen städtischen Aufgaben (etwa durch Steuererhöhungen). Vor dem Hintergrund neuer Eingemeindungen (1890/92) und der „zweiten Gründerzeit“ kam es in einer dritten Phase (ca. ab 1895) zum Aufbau großer gemeindeeigener Betriebe (Verkehr, Gas, Strom) und zur Entmachtung der privaten Infrastrukturgesellschaften (Kommunalisierung).

Die Wasserversorgung der Stadt Wien bestand 1866 noch aus verschiedenen Wasserleitungen, die zum Teil schlechtes Grundwasser (etwa die Kaiser-Ferdinand-Wasserleitung im Bereich Spittelau) oder gefasstes Quellwasser (etwa die Albertinische Wasserleitung) über Rohrleitungen in die Stadt lieferten.[3] Der öffentliche „Auslaufbrunnen“ blieb noch lange ein wichtiger Versorgungsplatz und niederschwelliger Treffpunkt der böhmischen Dienstmädchen, die vom eloquenten Hagestolz Schindler ob ihrer üppigen Formen „begafft“ wurden. Schon wenige Jahre später war der Semmering durch die Erste Wiener Hochquellenwasserleitung als Wasserbassin der Residenzstadt technisch erschlossen (Baubeginn 1869, Eröffnung 1873). Schindlers Sorgen kreisten beim Wasser nicht so sehr um Typhus und Cholera (1855, 1866, 1873), denn um den allgegenwärtigen Staub, den die Stadt während des Ringstraßenbaus durch Straßenpflasterung und durch das Ansäen von Gras zu lindern trachtete. Die Entsorgung der Abwässer wird in Schindlers Text vor allem durch die neugeschaffenen Urinale[4] deutlich. Kein Thema waren dagegen für Schindler die zur Abwasserentsorgung ab 1831 angelegten Cholerakanäle, die städteplanerisch bedeutsamen Einwölbungen der Stadtbäche (beginnend ab den späten 1830er-Jahren) und die Errichtung der Hauptsammelkanäle ab 1860 – das wachsende unterirdische Wien entging seinem beobachtenden Blick. Die Anzahl der Straßenkanäle und der Hauskanäle wuchs dabei von 1874 bis zum Beginn der neuerlichen Eingemeindung 1891 um rund 40 Prozent an.

Abb. 54: Kanalbau am rechten Wienfluss-Ufer nach einem Cholera-Ausbruch, 1831

Abb. 55: Triumphbogen der Gasgesellschaft auf dem Kärntner Ring anlässlich der Vermählungsfeierlichkeiten von Kronprinz Rudolf und Prinzessin Stephanie von Belgien, 10. Mai 1881
Xylografie nach Originalzeichnung von Ladislaus Eugen Petrovits

Neben den 22 städtischen Kasernen (1870), die sich nach 1848 vermehrt in Wien befanden, erwähnte Friedrich Schindler mehrmals auch die neu angelegten Parks und Gärten in Wien, die auch Ausdruck der gewachsenen Urbanität, der geschliffenen Bastionen, der hygienischen Prämissen (Furcht vor „verpesteter" Luft) und der neuen Stadtplanung sind:[5] Zum Volksgarten gesellte sich der Stadtpark mit dem Kursalon, überall fand Schindler Gärten „mit neuartigen confortablen Gartenbänken (sehr zahlreich) versehen, Blumen-Bänke, Statuen (Gipsmasse) Fontänen – nichts fehlt". Garten und Park erfuhren große öffentliche Aufmerksamkeit: Die 1837 zur Förderung des Gartenbaus gegründete Wiener Gartenbaugesellschaft bezog 1863 ein prächtiges Gebäude am Gartenring, das nicht nur für Gartenausstellungen und als Verkaufsraum genutzt wurde. Die neue „Freizeit" im Garten zog auch bald gesellschaftliches Leben wie Bälle, Ausstellungen oder Sängervereinstreffen (Zweite Gründungsliedertafel des Wiener Schubertbundes 1864) an.

Die „aktive" Stadt des 19. Jahrhunderts fand ihren sichtbarsten Ausdruck in der Regelung der Energieversorgung – Gas und Elektrizität stellten zentrale Herausforderungen an die

Abb. 56: Gaswerk Simmering, um 1910
Anton Pichler

Stadt dar. Friedrich Schindlers Text thematisiert mehrfach die „eléganten Gaskandelabers“, die vierfache Reihe an Gaslaternen an der neuen Ringstraße oder die von Gaslicht erleuchteten Brücken. Das von einer privaten Firma – etwa der 1824 gegründeten Imperial Continental Gas Association in London – ab den 1830er-Jahren erstellte Gasnetz der Stadt Wien stand, weil es vor allem in lukrativen Bezirken angelegt wurde und aufgrund der mitunter mangelhaften Leuchtgasqualität, der überhöhten Preise des Monopolisten, der hohen Verluste durch undichte Leitungen und der Preisgestaltungspolitik (für verschiedene Kundengruppen) in der Kritik. Schon 1850 verfügte die Innere Stadt über 564 ganz- und 494 halbnächtige Gaslaternen.[6] Der Verbrauch an Gas nahm sprunghaft zu, 1865 waren es 19 Millionen Kubikmeter, 1885 dann schon 74 Millionen. Mit der Präsentation der elektrischen Glühlampe durch Thomas A. Edison auf der Pariser Weltausstellung 1881 tauchte ein ernsthafter Konkurrent für die Beleuchtungsmonopolisten auf. Der Vertrag mit den Wiener Gasgesellschaften (1877) wurde gegen Ende des Jahrhunderts vom Stadtrat nicht mehr verlängert; 1899 nahm ein städtisches Gaswerk in Simmering seinen Betrieb auf.

Abb. 57: Das „Löwentor" am Eingang zum Schlachthof St. Marx, nach 1900

Die Zeitgenossen maßen die kommunale Versorgungspolitik vor allem auch an der ausreichenden Versorgung mit Lebensmitteln. Auch um die tierärztliche Kontrolle des Schlachtviehs und die städtische Hygiene zu verbessern, errichtete man nach Pariser Vorbild 1846 bis 1851 periphere Schlachthäuser in Gumpendorf wie in St. Marx und schließlich 1880 bis 1883 einen neuen Zentralviehmarkt auf dem St. Marxer Gelände, der schon durch seine Ausmaße (Länge 230 Meter, Breite 176 Meter) das fleischliche Versorgungsbedürfnis der gewachsenen Stadt verdeutlicht (durchschnittlich 77,9 Kilogramm pro Jahr/Kopf zwischen 1845 und 1910). Bis 1850 durften in privaten Schlächtereien Tiere geschlachtet werden, nach der Eröffnung der Schlachthäuser lagerte man aber die Schlachtungen aus dem öffentlichen Raum aus. Durch den Anschluss Wiens an das internationale Eisenbahnnetz eröffnete sich eine neue fleischhandwerkliche Arbeitswelt im Sinne der effizienten, großindustriellen Schlachtung und Tierverarbeitung für Wien, was zu vielfältigen Konflikten mit den Fleischerkleinbetrieben führte.[7]

Der effizienteren Versorgung der Stadt, der Kontrolle der Preise, der erhöhten Qualität und Hygiene diente die Zentralisierung der städtischen Märkte, wobei der Obst- und Gemüsemarkt vor dem Kärntnertor (Naschmarkt) am Beginn des 19. Jahrhunderts oder der Viehmarkt von St. Marx einen Beginn darstellten. Im Jahr 1864/65 plante und errichtete die Stadt deshalb nach Pariser Vorbild eine Zentralmarkthalle im 3. Bezirk, die nicht nur an die Lastenstraße, sondern auch an die Verbindungsbahn angeschlossen war. Mit einer Bau-

Abb. 58: Südtiroler Platz: Blick über die Favoriten-Linie zur Einmündung der Favoritenstraße, um 1895; Anton Pichler

Abb. 59: Tandelmarkt um 1905
August Stauda

fläche von 4.450 Quadratmetern signalisierte der Bau schon durch die Baumaterialien – ein Rohziegelbau mit gusseisernen Stützpfeilern und Dacheisenkonstruktionen –, aber auch durch seine Anbindung an internationale Verkehrsinfrastrukturen eine neue Zeit. Auswärtige Händler sollten unter Ausschaltung des Zwischenhandels verstärkt auf den Wiener Konsummarkt gelockt werden, vor allem der Fleischhandel fand hier seinen Ort. Preis- und Lebensmittelkontrollen konnten dort gut durchgeführt werden, die Konsumenten hatten gute Preisvergleichsmöglichkeiten. Insgesamt sechs Detailmarkthallen, darunter die Markthalle östlich (Zedlitzgasse) und westlich (Stadiongasse) der Innenstadt, dienten in weiterer Folge der Versorgung der wachsenden Bevölkerung.[8] Friedrich Schindler merkte in seiner Ringstraßenbeschreibung auch an, dass eine Gesellschaft von 200 Trödlern vom Stadterweiterungsfonds ein Grundstück beim Roßauer Glacis erworben hatte, wo ein Tandelmarkt errichtet wurde.[9]

Vor allem im Zuge der Stadterweiterungen und der zweiten Industrialisierung ab den 1880er-Jahren drängte die Verkehrsfrage in der zeitgenössischen Wahrnehmung nach vorne. Friedrich Schindlers Bericht 1866 erwähnte als große Neuerung der damaligen Zeit die Einrichtung einer Pferdetramway und eines ungewöhnlichen Wartehäuschens am Schottentor mit Schweizerdach. Diese Neuerung stand im Gegensatz zu den alten pferdebespannten Stellwägen, die über ein dichtes Netz in der Stadt verfügten. Im Jahr 1864 vergab der Gemeinderat an die Genfer Firma Carl Schaeck-Jaquet & Co. die Errichtung einer rund dreieinhalb Kilometer langen Probelinie, die vom Schottentor durch die Alser Straße nach Hernals und später nach Dornbach führen sollte. Vorerst für touristische Zwecke sollte die „Innenstadt" ab dem 4. Oktober 1865 eingleisig mit der Vorstadt verbunden werden, was bald zu weiteren Ansuchen um Konzessionen durch die neu gegründete pferdebetriebene „Wiener Tramwaygesellschaft" führte, die beschleunigt durch die Weltausstellung 1873 ein umfassendes Straßenbahnnetz anbot – bis 1896 erreichte das Netz eine Länge von 80,7 Kilometern,[10] erst ab 1897 gab es elektrische Straßenbahnen.

Das wachsende Verkehrsaufkommen bewirkte auch eine verbesserte Straßenausstattung durch Pflasterung, durch regelmäßige Säuberung und Bespritzung. So waren 1874 rund 59 Prozent der Wiener Verkehrsflächen bereits gepflastert, wobei der 1. und der 7. Bezirk gegenüber den Vorstädten bezüglich der Pflasterung deutlich herausragten.[11] Das erhöhte

Abb. 60: Aspernbrücke, nachdem Kaiser Franz Joseph zur Eröffnung der Kaiser-Jubiläums-Ausstellung Richtung Rotunde gefahren war, 7. Mai 1898

Verkehrsvolumen und die verstärkte Anbindung an überregionale Verkehrsnetze zeitigten auch vermehrten Brückenbau, was nicht zuletzt den entstandenen Bahnhöfen – Orte der Moderne – geschuldet war. Die aus Stein erbaute Radetzkybrücke beeindruckte Schindler sichtlich. Vermehrt ab den 1860er-Jahren begannen stahl-, guss- und schmiedeeiserne Brücken im Bereich des Donaukanals und des Wienflusses, die alten Holzbrücken zu ersetzen. Die am 30. November 1864 von Kaiser Franz Joseph und den von den Kämpfen in Schleswig zurückkehrenden Truppen eröffnete Aspernbrücke zeigt auch die neue Bedeutung der Brücken vor der Stadtöffentlichkeit: Man benannte Brücken nicht mehr nur nach regionalen oder etwa technischen Gesichtspunkten, sondern gestaltete die vom Stadterweiterungsfonds finanzierte, versteifte Kettenbrücke als Ort der Erinnerung an die Schlacht von Aspern 1809 und inszenierte die Brücke durch allegorische Figuren des Bildhauers Franz Melnitzky im Sinne des Gesamtstaates: Steinerne Löwen bewachten allegorische Darstellungen von Krieg und Frieden, Wohlstand und Ruhm.[12]

Dennoch führte erst die 1875 endende Donauregulierung mit fünf neuen Brücken über die Donau zu einem wahren Brückenbauboom. Auf einer Länge von 13 Kilometern sollte die mäandrierende Donau in ein begradigtes, neu gegrabenes Bett („Durchstich") gezwängt werden, Schutzdämme sollten die Stadt vor Überflutungen schützen. Die auch beim Suez-Kanal eingesetzten französischen Firmen gruben, unterstützt von Eisenbahntechnologie (Kippwagen auf Schienen) und Schaufelmaschinen, ein neues, rund 285 Meter breites Bett für die Donau, wodurch das Stadtbild nachhaltig verändert und die Gefahr der regelmäßigen Überschwemmungen vermindert wurde. Dem Wiener Donaukanal kam mit dieser Regulierung eine neue Aufgabe zu, weil der Kanal als Verkehrszubringer zur Donau und auch als Winterhafen ausgerichtet werden sollte.

Im Zuge der Modernisierung und der Urbanisierung übernahmen viele europäische Städte peu à peu eine Vielfalt an existentiell notwendigen Dienstleistungen wie das Wasserwerk, die Schlachthöfe oder die Kanalisation. Am Ende des 19. Jahrhunderts hatte sich auch die lange von Liberalen geführte Stadt Wien in einen großen, fürsorgenden Betrieb verwandelt, der Tausende Angestellte beschäftigte.[13] Die von ehemals privaten Firmen geführten Infrastrukturbereiche waren in städtischen Besitz übergegangen. Seit 1899 gab es beispielsweise ein städtisches Gaswerk, im Jahr 1902 nahm das erste städtische Elektrowerk die Produktion auf, die städtischen Straßenbahnen waren 1902 im Sinne eines „Munizipalsozialismus" ebenfalls kommunalisiert worden.

Abb. 61: Excavateur (Bagger) bei der Wiener Donauregulierung, vor 1886 Federzeichnung von Hugo Darnaut

1 Friedrich Lenger: European Cities in the Modern Era, 1850–1914, Leiden, Boston 2012, S. 131–187.

2 Gerhard Melinz: Gas- und Elektrizität als Elemente „städtischer Leistungsverwaltung"? Kommunalisierungsprozesse und -strategien in Wien, Prag und Budapest im Kontext von politischen und ökonomischen Interessen (1860–1918), in: Dieter Schott (Hg.): Energie und Stadt in Europa von der vorindustriellen „Holznot" bis zur Ölkrise der 1970er-Jahre (Vierteljahresschrift für Sozial- und Wirtschaftsgeschichte, Beihefte 135), Stuttgart 1997, S. 141–167, hier S. 144f.

3 Ruth Koblizek: Lauwarm und trübe. Trinkwasser in Wien vor 1850, in: Karl Brunner, Petra Schneider (Hg.): Umwelt Stadt. Geschichte des Natur- und Lebensraumes Wien, Wien 2005, S. 188–193.

4 Peter Payer: Der Gestank von Wien. Über Kanalgase, Totendünste und andere üble Geruchskulissen, Wien 1997, S. 106–113; Verena Winiwarter: Where did all the waters go? The introduction of sewage systems in urban settlements, in: Christoph Bernhardt (Hg.): Environmental problems in European cities in the 19th and 20th century (Cottbuser Studien zur Geschichte von Technik, Arbeit und Umwelt), Münster 2001, S. 106–120.

5 Peter Clark, Green Space and The City, in: Michel Pauly, Martin Scheutz (Hg.): Cities and their Spaces. Concepts and their use in Europe (Städteforschung A/88), Münster 2014, S. 41–50.

6 Eva Offenthaler: Gasgebrauch und Gasversorgung in Wien, in: Peter Csendes und András Sipos (Hg.): Budapest und Wien. Technischer Fortschritt und urbaner Aufschwung im 19. Jahrhundert (Forschungen und Beiträge zur Wiener Stadtgeschichte 40), Budapest, Wien 2003, S. 173–177, hier S. 175.

7 Lukasz Nieradzik: „Dämon der modernen Zeit" – Der Konflikt um die Wiener Großschlächterei im 19. Jahrhundert. In: Brigitta Schmidt-Lauber, Klara Löffler, Ana Rogojanu, Jens Wietschorke (Hg.): Wiener Urbanitäten. Kulturwissenschaftliche Ansichten einer Stadt (Ethnographie des Alltags 1), Wien u. a. 2013, S. 94–108.

8 Robert Waissenberger: Wiener Nutzbauten des 19. Jahrhunderts als Beispiele zukunftweisenden Bauens (Wiener Schriften 38), Wien 1977, S. 110–113.

9 Waissenberger: Wiener Nutzbauten, S. 110.

10 Roman Hans Gröger: Schienen für die Ewigkeit. 113 Wiener Straßenbahnstrecken aus dem Österreichischen Staatsarchiv, Innsbruck u. a. 2011, S. 21–50.

11 Maren Seliger und Karl Ucakar: Wien. Politische Geschichte 1740–1934. Entwicklung und Bestimmungskräfte großstädtischer Politik, Bd. 1: 1740–1895, Wien 1985, S. 534–540.

12 Manfred Wehdorn: Die Bautechnik der Wiener Ringstraße (Die Wiener Ringstraße. Bild einer Epoche. Die Erweiterung der Inneren Stadt Wien unter Kaiser Franz Joseph 11), Wiesbaden 1979, S. 284–286.

13 Wolfgang R. Krabbe: Städtische Wirtschaftsbetriebe im Zeichen des „Munizipalsozialismus". Die Anfänge der Gas- und Elektrizitätswerke im 19. und frühen 20. Jahrhundert, in: Hans Heinrich Blotevogel (Hg.): Kommunale Leistungsverwaltung und Stadtentwicklung vom Vormärz bis zur Weimarer Republik (Städteforschung A/30), Wien 1990, S. 117–135, hier 133f.

WERNER TELESKO

Die „Herzader Groß-Wiens“
(Ludwig Hevesi)*

Zur Rezeptionsgeschichte des Wiener Prachtboulevards im 19. Jahrhundert

Die Wiener Ringstraße gilt nicht ohne Grund als epochale Leistung im Kontext der Neugestaltungen europäischer Metropolen im 19. Jahrhundert. Umso interessanter scheint es, anhand ausgewählter Beispiele nachzuvollziehen, wie Anlage und Errichtung dieses Wien nachhaltig verändernden Boulevards kommentiert und kommuniziert wurden. Eine entsprechende Analyse der Rezeptionsgeschichte der Wiener Ringstraße hat in erster Linie von Bildmedien aller Art, Reisebeschreibungen sowie topografischen Werken auszugehen, wobei die Quellen reich fließen: In der zweiten Hälfte des 19. Jahrhunderts, die „Medienrevolutionen“ in allen text- und bildgebundenen Medien mit sich brachte, ist eine neuartige „Reflexivität des Zeitalters“[1] zu beobachten. Wie in keinem Jahrhundert zuvor lässt sich eine massive Konzentration an Wissen um die Gegenwart und frühere Epochen feststellen. Von eminenter mediengeschichtlicher Bedeutung ist dabei vor allem die zunehmende zeitliche Nähe zwischen dem Ereignis an sich und seiner medialen Vermittlung, besonders in der (illustrierten) Tagespresse.

In diesem Zusammenhang ist darauf hinzuweisen, dass in fast allen Quellen der Errichtung der Ringstraße eine gravierende Auswirkung auf das „Bild“ der ganzen Stadt zugemessen wird. Aus diesem Grund ist bei der Interpretation aller Bild- und Textzeugnisse immer die gesamte Topografie einzubeziehen. Dies zeigt sich bereits an der ersten Stadterweiterung (1859), durch die das Interesse von der Inneren Stadt selbst gleichsam abgelenkt wurde, um nach der Vollendung des Rings wieder auf die Wiener „Altstadt“ konzentriert zu werden.[2] Die Ringstraße kann aus dieser Perspektive als ein höchst sensibler Kommunikationsraum verstanden werden, an dem sämtliche Neustrukturierungen der Haupt- und Residenzstadt besonders manifest werden. Kaiser Franz Josephs Propagierung der Neugestaltung Wiens als „offene Stadt“[3] im Jahr 1857 kann in dieser Hinsicht auch als Bedürfnis nach Kompensation – zum letztlich unverändert bleibenden Faktum – der „Trennung“[4] zwischen dem Zentrum und der Peripherie der Vorstädte Wiens gelesen werden. Diese Art der Trennung betrifft auch den wichtigen Aspekt

Abb. 62: Kärntner Ring mit Hofoper, um 1876 Wilhelm Burger

Abb. 63: Eröffnung der Wiener Ringstraße, 1. Mai 1865, Kaiser Franz Joseph I. und Kaiserin Elisabeth passieren den Festplatz vor dem Äußeren Burgtor Illustrirtes Wiener Extrablatt, 1. Mai 1885

der „[...] sozial segregierende[n] Architektur der Ringstraßenzeit [...]“[5], demzufolge Adel und Bürgertum als herrschende Klassen auf der einen Seite sowie das Proletariat in den Vorstädten auf der anderen Seite deutlich voneinander geschieden bleiben. Damit ergab sich folgerichtig die Festschreibung eines Bildes der Stadt als „Ausdruck des imperialen Systems“.[6]

Hinsichtlich der „Programmatik“ der Ringstraße sind zahlreiche literarische Zeugnisse nachweisbar, welche die Sprengung der als beengend angesehenen Festungswälle als epochale und individuelle Leistung Kaiser Franz Josephs ansehen.[7] Besonders charakteristisch in dieser Hinsicht sind die markanten Formulierungen des Wiener Archiv- und Bibliothekdirektors Karl Weiss aus dem Jahr 1888: „Das erlösende Wort des Kaisers sprengte vor dreissig [sic!] Jahren die düsteren, beengenden Festungswälle, welche durch dreihundert Jahre das alte Wien von den neu angewachsenen Vorstädten getrennt hatten.“[8] Eine entsprechende Medaille aus dem Jahr 1865, mit der die Festungen sprengenden Stadtpersonifikation der „Vindobona“, kann in dieser Hinsicht fast als gleichnishaft angesehen werden.[9] Die Ringstraße ist darüber hinaus essenzieller Teil von Beschreibungen im Rahmen der Panegyrik der späten franzisko-josephinischen Epoche, welche die Neugestaltung der Residenzstadt Wien durch Franz Joseph in Gestalt fast biblischer Termini preist: „O, schöne Kaiserstadt, der Kunst geweihte Stätte, / Die alle Welt mit ihrem Reiz entzückt – Wie hat dein Kaiser herrlich dich geschmückt.“[10] Eine Medaille Friedrich Leiseks aus dem Jahr 1890 auf die erste und zweite Stadterweiterung Wiens verzeichnet am Revers penibel alle Neubauten der Ringstraße mit kleinen Bildern und Legenden, und nicht ohne Grund feierte der Kunsthistoriker Hans Tietze noch 1931 die Ringstraße als „via triumphalis“[11].

Gegenüber diesen Hymnen auf das „Neu-Wien“ Kaiser Franz Josephs, die letztlich in der Tradition hochbarocker Stadtneugestaltungen stehen, prangerte Hermann Broch die im späten 19. Jahrhundert „museal gewordene Stadt“[12] an – eine Sichtweise, an die später der Kunsthistoriker Bruno Grimschitz anknüpfen konnte, wenn er formulierte, dass die um das Zentrum gelegte Ringstraße den „fast ‚museumshaft‘ erhaltenen Stadtkern von den Vorstädten isoliert [...]“[13]. Bereits in Pressezeugnissen des 19. Jahrhunderts ist einerseits vom „majestätisch zukunftsvollem ‚Ring‘ von Wien“[14] die Rede, andererseits wurde aber auch von der Ringstraße als einer „Fessel“[15] gesprochen. Es ist interessant zu beobachten, wie sich diese Kranz/Ring-Metaphorik in Bezug auf eine Charakterisierung des Wiener Stadtbildes vom frühen 19. Jahrhundert bis weit in das 20. Jahrhundert erhalten hat: Von Johann Pezzl, der lange vor der Anlage der Ringstraße die Stadt „mit der Fassung eines glänzenden Ringes“[16] verglich, bis zu Hans Tietze, der den Ring als einen „Kranz repräsentativer Monumentalbauten“[17] bezeichnete, sind hier deutliche sprachliche Kontinuitäten erkennbar.

Neben diesen stadtsemiotischen Gesichtspunkten, die den Boulevard im Kontext der Bestrebungen habsburgischer Kunstpolitik verorten, schuf die Anlage der Wiener Ringstraße

Abb. 64: Kärntner Ring, um 1870

aber auch einen neuartigen „Wahrnehmungsraum": In diesem Zusammenhang muss auf Carl E. Schorskes berühmte Charakterisierung der Ringstraße als Erweiterung des Raumes in die Horizontale mit einer „Betonung des kreisförmigen Fließens"[18] verwiesen werden – Begriffsbildungen, die zu zeigen vermögen, dass sich in der zweiten Hälfte des 19. Jahrhunderts die Koordinaten frühneuzeitlicher Blicklenkung nachhaltig verschoben. An die Stelle des „begrenzte[n] Raum[es] der Tradition"[19] tritt nun der weite, fast kreisförmig orientierte Boulevard mit den unübersehbaren, aber isoliert und wie aufgereiht positionierten Monumenten eines pluralistischen Gesellschafts- und Geschichtsverständnisses. In den Verlauf dieser Prachtstraße wurden einige wenige „short vistas"[20] platziert, die etwa vom Schottentor den Blick auf die Votivkirche oder vom Burgtheater jenen auf das Rathaus ermöglichen.

Auch wenn die durch die Ringstraße bedingte generelle Zweipoligkeit der Metropole in Bezug auf Zentrum und Peripherie letztlich erhalten blieb, wurde die Prachtstraße zur signifikanten Nahtstelle, zum Orientierungsmaßstab und visuellen Ausgangs- beziehungsweise Bezugspunkt, der bis heute die Wahrnehmung der Stadt und ihrer Bauten entscheidend bestimmt. Aus dieser Perspektive kann die Stadt durch die Anlage der Ringstraße in zweierlei Hinsicht neu erfahren werden – zum einen durch den Blick auf den dicht bebauten Kern der Inneren Stadt mit dem Stephansdom im Zentrum, zum anderen durch die entgegengesetzte Blicklenkung in die Weite, welche die spezifische Art der Bebauung der Ringstraße mit aufgereihten Prunkbauten und Palästen erst wirklich deutlich macht. Dieser Blick vom Zentrum auf die Peripherie zeigt, wie die neuen Bauten der Ringstraße – gleichsam an einer

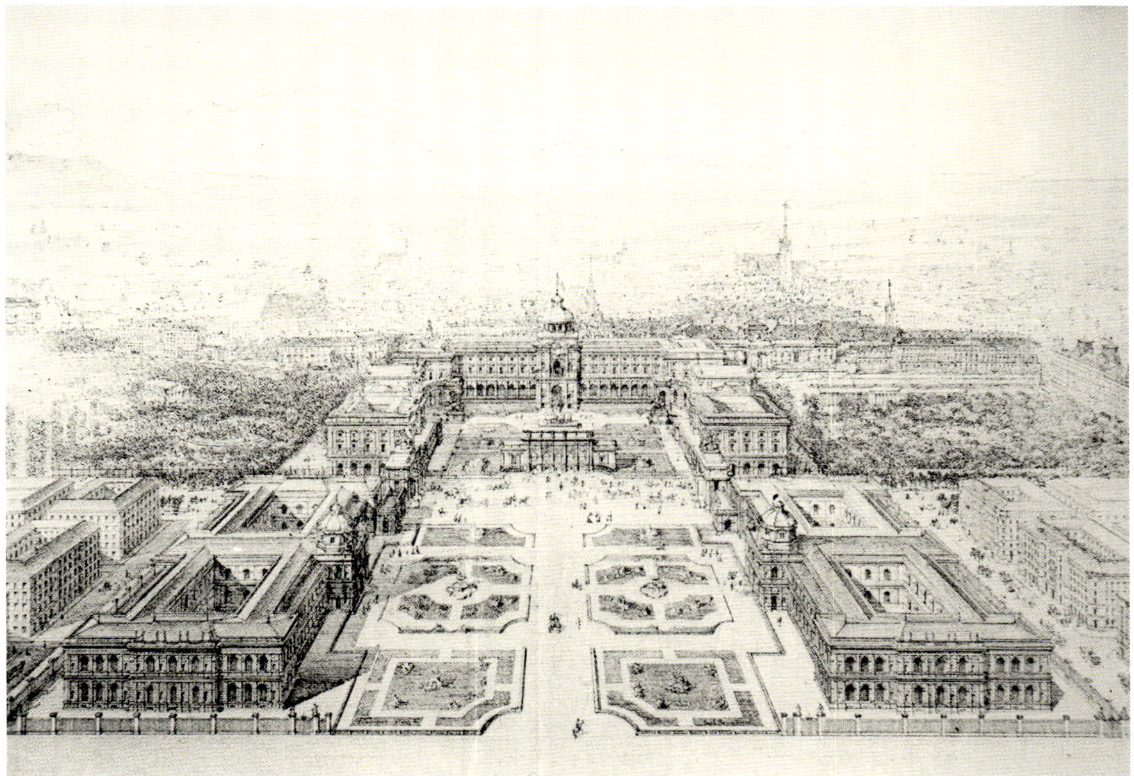

Abb. 65: Entwurf für den Ausbau der Hofburg und der Hofmuseen („Kaiserforum“), um 1870 Druck nach Zeichnung von Gottfried Semper und Karl von Hasenauer

Kette aufgefädelt – die Horizontale markieren. Die sich darin manifestierende Bipolarität zwischen Zentrum und Peripherie wird auch daran deutlich, dass sofort nach dem kaiserlichen Beschluss vom 20. Dezember 1857 Projekte für das entstehende „Neu-Wien“ entworfen, zugleich aber auch Reminiszenzen an das vergehende Alt-Wien festgehalten wurden.[21]

In diese Kategorie der Aushandlung des Konflikts zwischen Alt- und Neu-Wien gehört auch jenes berühmte Aquarellpaar, in dem Franz Alt den „Alten Burgplatz“ dem „Neuen Burgplatz“ gegenüberstellte: Anlässlich der Wiener Weltausstellung des Jahres 1873 entstand das Album „Wien – einst und jetzt“ als Geschenk des Industriellen Friedrich Rosenberg an den Kaiser.[22] Zu diesem Zweck schuf Alt (nach Zeichnungen von Josef Storck und Ferdinand Laufberger) eine Serie von zwölf Aquarellen, von denen zehn Bildpaare die Stadt vor und nach der Anlage der Ringstraße beziehungsweise der Errichtung der großen Neubauten zeigen. Der „alte Burgplatz“ mit der heterogenen Vorstadtfassade der Hofburg[23] erscheint hier mit dem großzügigen Entwurf von Sempers und Hasenauers Kaiserforum[24] kontrastiert, wobei bei gleicher stilistischer Ausrichtung der beiden Blätter der Altbestand der neuen städtebaulichen Vision gegenübergestellt wird. Die bereits demolierten Monumente Alt-Wiens sind solcherart der Vision eines baulich zu diesem Zeitpunkt nur zum Teil realisierten Neu-Wien gegenübergesetzt.

Die Serie „Wien – einst und jetzt“, die ganz auf die Visualisierung einzelner Bauwerke und -komplexe setzt, zeigt bereits eine markante Schwierigkeit der bildlichen Darstellung der Wiener Ringstraße in den visuellen Medien an: Sie besteht vor allem darin, dass weniger der Boulevard als solcher

Abb. 66: Franz-Josefs-Kai, um 1860
Österreichische Staatsdruckerei

gezeigt wird, sondern vielmehr die an diesen angrenzenden Palais und Prunkbauten. Nur wenige Grafiken und Fotografien vermitteln somit ein Bild der endlosen Straßenfluchten des Rings.[25] Deutlich wird diese gebäudezentrierte Perspektive auf die Ringstraße in der Farbholzschnittserie „Die Wiener Ringstraße in ihrer Vollendung und der Franz Josefs-Quai", die von Friedrich Wilhelm Bader nach Illustrationen Ladislaus Eugen Petrovits' im Jahr 1874 hergestellt wurde.[26] Dabei handelt es sich einerseits um die Wiedergabe der tatsächlich zu Beginn der 1870er-Jahre fertiggestellten Bauabschnitte der Ringstraße, also des Teilstücks vom Opern- bis zum Parkring, andererseits um die Visualisierung des von den Architekten entworfenen Straßenverlaufs. Die darin manifeste Idee, den „Ring" in seiner Gesamtheit wiederzugeben, konvergiert mit einer gleichsam ununterbrochenen Visualisierung seiner baulichen Abwicklung in Form einer quasi-panoramatisch angelegten Endlosschleife. Adressat ist – bedingt durch den gewählten Blickpunkt – der „Flaneur", der das neu entstandene Wien vom Straßenniveau aus in einer imaginären Wanderung genießen kann. Gerade der Faktor des Imaginären ist deshalb von herausragender Bedeutung, da hier ein Stadium der Vollendung bildlich inszeniert wird, das jedoch in keiner Weise der damaligen baulichen Realität entsprach.

Demgegenüber unternahm man in der 15-teiligen Chromolithografie-Serie „Album von Wien nach Aquarell-Gemälden von Franz und Rudolf Alt (1873)"[27] den Versuch, das neue Gesicht der Metropole im Jahr der Weltausstellung zu präsentieren, das Wien schlaglichtartig in den Blickpunkt des Weltinteresses rückte.[28] Dies geschieht in dieser grafischen Serie anhand der Visualisierung der neu errichteten Prunkbauten, wobei in zumindest drei Blättern (Opernring, Kärntner Ring und Schottenring) explizit einzelne Abschnitte der Ringstraße im Fokus stehen. Insgesamt erhält die Wiedergabe der Bauten eine deutliche Verlebendigung durch die Anreicherung der Szenen mit Staffagefiguren und Verkehrsmitteln, die den „Sitz im Leben" der einzelnen Orte

Abb. 67: Kärntner Ring, 1873
Farbdruck nach Aquarell
von Franz Alt

Abb. 68: Opernring, 1873
Farbdruck nach Aquarell
von Franz Alt

Abb. 69: Ringstraßenkorso, um 1900
Aquarell von Theodor Zasche

anschaulich demonstrieren sollen. Es wird dergestalt ein Bild Wiens als Metropole mit pulsierender Dynamik imaginiert, die aus dem Schnittpunkt neuer urbaner Milieus (Ringstraße) und traditioneller Anziehungspunkte (Freyung, Stephansplatz u. a.) ihre aktuelle touristische und wirtschaftliche Attraktion bezieht. Besonders zeitgenössische ausländische Reiseberichte sind geeignet, diesen Gesichtspunkt zu unterstreichen, wenn bei der Erwähnung der Wiener Ringstraße von einem Ort die Rede ist, „[...] wo die ganze Welt zusammenkommt. [...]“[29] – ein Gesichtspunkt, der in Theodor Zasches oft reproduziertem Gemälde des Ringstraßenkorso[30], das heute häufig als bildliches Synonym für das Leben an der Ringstraße überhaupt verstanden wird, deutlich zum Ausdruck kommt.

Unabhängig von der erst später stattgefundenen tatsächlichen baulichen Vollendung der Ringstraße wird in beiden genannten Serien Alts das geschönte Zukunftsbild eines „Neu-Wien“ formuliert, das sich notwendigerweise in einem ständigen spannungsvollen Verhältnis zu den Resten der baulichen Altsubstanz der Metropole befindet. Auch daran wird jenes eingangs erwähnte Faktum deutlich, dass sich nämlich in den meisten Visualisierungen der Ringstraße die gesamte Problematik der Neustrukturierung Wiens in der zweiten Hälfte des 19. Jahrhunderts neu entzündet. Obwohl zahlreiche andere europäische Städte wie Budapest, Köln oder Würzburg ebenfalls „Ringstraßen“ aufweisen, unterstreicht gerade ein Blick auf die Rezeptionsgeschichte des Wiener Beispiels eine markante Besonderheit: Mit der Anlage des Prachtboulevards wird eine neue Ära eingeläutet, durch deren politischen Anspruch die Geschichte der Metropole wie in einem Brennpunkt gespiegelt erscheint.

* Ludwig Hevesi: Ein Gang über die Wiener Ringstraße, in: Wienerstadt. Lebensbilder aus der Gegenwart, geschildert von Wiener Schriftstellern, Wien-Prag-Leipzig 1895, S. 433–441, hier S. 441.

1 Jürgen Osterhammel: Die Verwandlung der Welt. Eine Geschichte des 19. Jahrhunderts, München 2009, S. 25.

2 Elisabeth Lichtenberger: Die Wiener Altstadt, Von der mittelalterlichen Bürgerstadt zur City, Wien 1977, S. 207.

3 Bereits 1817 hatte Kaiser Franz I. den Festungscharakter Wiens aufgehoben, vgl. Werner Telesko: Die Wiener Hofburg als „Mittelpunkt“ der Stadt? Ein Beitrag zur Rezeptionsgeschichte der habsburgischen Residenz im 19. und frühen 20. Jahrhundert, in: Wiener Geschichtsblätter 64 (2009), H. 4, S. 1–22, hier S. 21.

4 Carl E. Schorske: Wien. Geist und Gesellschaft im Fin de Siècle, München-Zürich 1994 (New York 11980), S. 31.

5 Peter Csendes / Ferdinand Opll (Hg.): Wien. Geschichte einer Stadt, Bd. 3, Wien-Köln-Weimar 2006, S. 180.

6 Fritz C. Wulz: Stadt in Veränderung. Eine architektur-politische Studie von Wien in den Jahren 1848 bis 1934, Diss. Technische Hochschule Stockholm 1976, Bd. 1, S. 112; vgl. Schorske (wie Anm. 4), S. 31: Ringstraße als „Gürtel gesellschaftlicher Trennung“.

7 Schorske (wie Anm. 4), S. 28, mit Hinweisen auf Pressezeugnisse, die verdeutlichen sollen, wie der kaiserliche Befehl den alten Steingürtel der Stadt gebrochen habe, z. B. „Neue Freie Presse“ vom 2. Dezember 1873, Morgenblatt, Nr. 3331, S. 2.

8 Karl Weiss: Die bauliche Neugestaltung der Stadt, in: Gemeinderat der Stadt Wien (Hg.), Wien 1848–1888. Denkschrift zum 2. December 1888, Bd. 1, Wien 1888, S. 225–320, hier S. 227.

9 Vgl. Elisabeth Springer: Geschichte und Kulturleben der Wiener Ringstraße (Die Wiener Ringstraße. Bild einer Epoche II), Wiesbaden 1979, S. 94, fig. 3; Hermann Fillitz (Hrsg.) / Werner Telesko (Red.), Katalog: Der Traum vom Glück. Die Kunst des Historismus in Europa, 24. Europarat-Ausstellung, Wien, Künstlerhaus, Akademie der bildenden Künste, Wien 1996, Bd. 2, S. 651, Nr. 24.11 (Wien, Kunsthistorisches Museum, Münzkabinett, MK 129.681).

10 Heinrich Penn: Das heutige Wien des Kaisers Franz Josef I., Wien 1908, 4; zur Rezeption des barocken Topos der Stadtverschönerung im 19. Jahrhundert: Werner Telesko, Geschichtsraum Österreich. Die Habsburger und ihre Geschichte in der bildenden Kunst des 19. Jahrhunderts, Wien-Köln-Weimar 2006, S. 238f.

11 Hans Tietze: Wien. Kultur – Kunst – Geschichte, Wien-Leipzig 1931, S. 359.

12 Vgl. Eva Greil: Die Topographie der Wahrnehmung. Wientexte von der Frühneuzeit bis ins 20. Jahrhundert, Diss. phil. Universität Wien 2004, S. 170.

13 Bruno Grimschitz: Die Wiener Ringstraße, Bremen-Berlin o.J. [1938], S. 6f.; vgl. Donald J. Olsen, The City as a Work of Art. London-Paris-Vienna, New Haven-London 1986, S. 69.

14 Carl Grün: Glückliches Wien! Die Stadt und ihre Kunstschätze, Wien 1869, S. 1–3, vgl. Elisabeth Heimann: Die Rezeption der Wiener Ringstraße. Bildliche Darstellungen des Prachtboulevards und Entwürfe einer neuen Stadtwahrnehmung, geisteswissenschaftliche Diplomarbeit, Universität Wien 2013, S. 14.

15 Vgl. Kurt Mollik / Hermann Reining / Rudolf Wurzer: Planung und Verwirklichung der Wiener Ringstraßenzone, Textbd. (Die Wiener Ringstraße. Bild einer Epoche III), Wiesbaden 1980, S. 417 (mit Quellenhinweisen); Heimann (wie Anm. 14), S. 15; siehe auch: „Die Presse“ vom 25. November 1868, Nr. 325, S. 6 („Ringstraßenmieder“).

16 Zitiert nach: Lutz Musner: Der Geschmack von Wien. Kultur und Habitus einer Stadt (Interdisziplinäre Stadtforschung 3), Frankfurt/M.-New York 2009, S. 76f.

17 Tietze (wie Anm. 11), S. 358.

18 Schorske (wie Anm. 4), S. 31.

19 Carl E. Schorske: Museum im umkämpften Raum: das Schwert, das Zepter und der Ring, in: ders.: Mit Geschichte denken. Übergänge in die Moderne (Wiener Schriften zur Historischen Kulturwissenschaft 2), Wien 2004 (Princeton [NJ] 11998), S. 129–147, hier S. 135.

20 Olsen (wie Anm. 13), S. 74.

21 Kai Kauffmann: „Es ist nur ein Wien!“ Stadtbeschreibungen von Wien 1700 bis 1873. Geschichte eines literarischen Genres der Wiener Publizistik (Literatur in der Geschichte – Geschichte in der Literatur 29), Wien-Köln-Weimar 1994, S. 437.

22 Heimann (wie Anm. 14), S. 29–45.

23 Wien, Albertina, Inv.-Nr. 28.939.

24 Wien, Albertina, Inv.-Nr. 28.938, vgl. Beatrix Kriller / Georg Kugler: Das Kunsthistorische Museum. Die Architektur und Ausstattung. Idee und Wirklichkeit des Gesamtkunstwerkes (Kunsthistorisches Museum Wien, Führer 42), Wien 1991, S. 46, Abb. 42, 43; Wolfgang Kos / Christian Rapp (Hrsg.): Katalog: Alt-Wien. Die Stadt, die niemals war, Wien Museum, Wien 2004, S. 364–366, Nr. 3.1.

25 Wulz (wie Anm. 6), S. 113, Abb. 20; Olsen (wie Anm. 13), S. 74, fig. 35; S. 241, fig. 113.

26 Heimann (wie Anm. 14), S. 71–96 (Wien Museum, Inv.-Nr. 50.597 und 106.269; Wiener Stadt- und Landesbibliothek, Inv.-Nr. 74.921B).

27 Wien Museum, Inv.-Nr. 106.510/1–16, vgl. Heimann (wie Anm. 14), S. 45–66.

28 August Silberstein: Die Kaiserstadt am Donaustrand. Wien und die Wiener in Tag- und Nachtbildern, Wien 1873, S. 72f., vgl. Heimann (wie Anm. 14), S. 16.

29 „[…] le Ring es un endroit où se réunissent tous les mondes. […]“, zitiert nach: Victor Tissot, Vienne et la vie viennoise, Paris 1878, S. 203, vgl. Heimann (wie Anm. 14), S. 17.

30 Olsen (wie Anm. 13), S. 239, fig. 112.

HARALD TERSCH

Das „Weihnachtsgeschenk“

Ringstraße und Ringstraßenbau in zeitgenössischen Wien-Führern

Im Jahr 1884 erhielt erstmals ein Wiener Gebäude zwei Baedeker-Sterne. Diese höchste Auszeichnung der Fremdenverkehrsbranche bedeutete für die kaiserliche Residenzstadt einen erheblichen Prestigegewinn, da der Leipziger Reiseführerverlag damals bereits Touristenströme aus weiten Teilen Europas an ausgewählte Örtlichkeiten lenkte. In der zweiten Hälfte des 19. Jahrhunderts war „der Baedeker“ die Norm für das gesamte Genre des Reisehandbuchs. Das Sternchensystem hatte Karl Baedeker zwar nicht erfunden, er verband es aber mit dem Gütesiegel gründlicher Recherchen vor Ort sowie einem soliden wissenschaftlichen Fundament, das ästhetische, historische, topografische oder materielle Kriterien vereinte.[1] Zwei Sterne besaßen in Wien bis in die 1880er-Jahre nur die beiden kaiserlichen Sammlungen der Schatzkammer und der Gemäldegalerie. Warum gerade das Neue Wiener Rathaus unmittelbar nach seiner Eröffnung in den Kanon der sehenswertesten Bauwerke Europas aufstieg, erklärt das „Handbuch für Reisende“ nur in Stichwörtern. Das Gebäude lohne einen Besuch „in hohem Grade“ aufgrund seines großen Arkadenhofes, der Marmorsäulen und Treppen, des Festsaales oder des „imposanten Platzes“ davor.[2] Das Rathaus repräsentierte in der Sternehierarchie gleichzeitig die gesamte Ringstraße. Das Reisebuch prämierte den monumen-

Abb. 70: Rathaus, um 1890

Abb. 71: Bau des Rathauses, bis zur halben Höhe gediehen, um 1878

talsten unter den „stilvollen“ und „prächtigen“ Neubauten, die Wien „wie kaum eine andere europäische Hauptstadt“ aufzuweisen habe. Bis in die Zeit des Ersten Weltkriegs hinein festigte die Reiseführerliteratur den Ruhm einer Stadt, die nicht durch ihre Größe oder Lage, ihre Geschichte oder Bedeutung einen besonderen Rang unter den Touristenzielen verdiene, sondern durch „eine der schönsten Palaststraßen Europas“, „eine der prunkvollsten und imposantesten Straßenzüge der Welt“.[3] Damit hatte der Boulevard das Image der Stadt innerhalb weniger Jahrzehnte grundlegend gewandelt.

Der rheinländische Jurist und Publizist Johann Nikolaus Becker charakterisierte die kaiserliche Residenz in einem Reisebericht des Jahres 1798 als „eine alte abscheuliche Stadt“.[4] Bei diesem Urteil mag es sich um die überspitzte Formulierung eines radikalen Jakobiners und Kirchenkritikers handeln, doch der Grundtenor der Ablehnung stimmt mit anderen Reiseberichten zur Zeit der Spätaufklärung überein. Beklagt werden von Becker und anderen Besuchern Ende des 18. Jahrhunderts vor allem die engen, verwinkelten und finsteren Straßen, die einen freien Blick auf die Paläste verhinderten. Die Kritik hatte aber nicht nur ästhetische Hintergründe, sie entsprach auch den medizinischen und ökonomischen Vorstellungen der Aufklärung von einem organischen Stadtkörper, dessen Straßen eine leichte Zirkulation von Verkehr und frischer Luft ermöglichen sollten. Die Kritik in Reiseberichten fand ihren Widerhall in den Rechtfertigungsstrategien früher Wien-Reiseführer, die sich zur selben Zeit aus den enzyklopädischen, aber unübersichtlichen Stadttopografien entwickelten. Der reisende Bildungsbürger benötigte „nützliche“, „bequeme“ und „kurzgefasste“ Wegweiser zu den wichtigsten Sehenswürdigkeiten, schnellsten Verkehrsmitteln und preiswertesten Hotels.[5] Geschäftsreisende oder Tagungsteilnehmer verschafften sich Informationen für eine Besichtigung häufig erst vor Ort, sodass der Markt um 1800 von lokalen Produkten beherrscht wurde, die erst in der franzisko-josephinischen Zeit ernsthafte Konkurrenz von ortsfremden Verlegern erhielten. Die Verfasser kamen bevorzugt aus den Reihen der Buchhändler und Drucker, Archivare und Journalisten, dann auch der Lehrer und Gelehrten, die nicht selten in einem Naheverhältnis zu Gemeinderat und Landesregierung, dann auch zu den frühen Fremdenverkehrsverbänden standen. Einer der erfolgreichsten frühen Wiener Reisebuchautoren war der Literat und Bibliothekar Johann Pezzl, dessen „(Neueste) Beschreibung von Wien“ seit 1802 in mehreren Auflagen, Übersetzungen und postumen Überarbeitungen erschien.[6] Er knüpfte darin dezent an die Kritik der Reiseberichte an, wenn er sich „wünscht“, dass die Straßen einer derart volkreichen Stadt „breiter und gerader“ sein sollten. Die Verfasser von Reiseführern nützten im Vormärz ihre öffentlichkeitswirksamen Ausgaben, um sanften Druck auf die Regierung in Richtung einer Stadterweiterung auszuüben und so den bürgerlichen Interessen Gewicht zu verleihen. In Handbüchern wie „Wien wie es ist“ (seit 1832) oder dem „wohlunterrichteten Fremden=Führer“ (1844) mussten die Besucher lesen, dass Wien mit seinen engen Straßen „kein so schön gruppirtes Bild wie die Prospekte anderer Städte“ biete und „auch nicht reich an eigentlichen Prachtgebäuden“ sei.[7] Das Wort „eigentlich“ bezog sich auf die Wiener Barockpalais, die mit ihren „Zierden“ schon Ende des 18. Jahrhunderts auf Ablehnung bei bürgerlichen, am Klassizismus geschulten Reisenden gestoßen waren. Der beliebte Wien-Führer aus „Grieben's Reise-Bibliothek“ bezeichnete in den 1850er-Jahren die Wiener Palais als stattlich, „doch sind sie meist in der Roccocozeit entstanden und daher weniger geschmackvoll als die Neubauten München's und Berlin's“, mit denen sie „nicht zu wetteifern“ vermögen.[8] Die Stimmen einer Unzufriedenheit mit dem Bild, das Wien den Fremden bot, häuften sich gegen die Jahrhundertmitte durch die Feststellung einer wachsenden Diskrepanz zum äußeren Glanz anderer Metropolen. Anhand von Ludwigstraße und Unter den Linden definierte der Berliner Grieben-Verlag ästhetische Standards einer repräsentativen Hauptstadt, die

Abb. 72: Enthüllung des Denkmals für Erzherzog Karl am Heldenplatz, 22. Mai 1860

Wien im Angesicht des preußisch-österreichischen Dualismus nicht mehr erfüllte.

Das kaiserliche Handbillet von 1857, das die Schleifung der Fortifikationen anordnete, bedeutete einen Neubeginn in der Geschichte Wiens und des Wien-Führers. Programmatische Buchtitel wie „Das neue Wien“ (1864) signalisierten einen Bruch mit dem Klischee der finsteren Barockstadt. Der Wiener Bibliothekar und Archivar Karl Weiss entschied sich 1864 für eine Umkodierung des barocken Titels „Alt- und Neu-Wien“, der Anfang des 18. Jahrhunderts das römische Vindobona und die neuzeitliche Bürgerstadt bezeichnet hatte und jetzt auf die Altstadt und das Erweiterungsgebiet von „Neu-Wien“ verwies.[9] Weiss schrieb seinen einflussreichen Führer für die Teilnehmer einer Tagung deutscher Architekten und Ingenieure in Wien, denen er die Neubauten der Ringstraße „unläugbar“ als Zeugnisse einer „der hervorragendsten Bauepochen Wiens“ anpries. Die große Herausforderung für Autoren wie Weiss bestand weniger in der laufenden Anpassung ihrer Texte an die „Baustelle“ Wien als in der langwierigen Suche nach einem geeigneten Modell der Raumerfassung, das sie den Fremden anbieten konnten. Die frühesten Reaktionen auf das kaiserliche Handbillet bildeten Anmerkungen zu vorhandenen Passagen, um sich dahingehend abzusichern, dass die Stadttore „während der Drucklegung“ oder gar „in dem Augenblicke, als wir diese Zeilen niederschreiben“, vielleicht gerade „fallen“, nur noch „im Volksmund fortleben“ und „nur mehr historisches Interesse haben“.[10] Das neue Erzherzog-Karl-Denkmal (1860) gehörte zur Zeit seiner Errichtung gemeinsam mit den Monumenten für Joseph II. und Franz

II./I. zum Besichtigungskomplex der Hofburg, tauchte aber in den Handbüchern zunehmend ein weiteres Mal in den Sichtachsen der neuen Ringstraße auf. Die Handbücher beschrieben zunächst eine verschwindende, dann eine geplante, „projectirte" Stadt, die Erwartungen weckte und enttäuschte. Das Maria-Theresien-Denkmal interessierte den Baedeker-Verlag nur deswegen, weil es als Fluchtpunkt für das geplante Kaiserforum der neuen Hofburg diente, sodass es seinen Stern mit dem Ende dieses Konzepts einbüßte.[11]
Bildungstouristen des 19. Jahrhunderts verlangten von Stadttouren neben Kunstgenuss auch ein Einkaufserlebnis, dem zahlreiche Führer durch Geschäftsadressen sowie eingefügte Werbeannoncen entgegenkamen. Karl Weiss musste diesbezüglich kurz nach der Ringstraßeneröffnung in seinem „Wiener Baedeker" ernüchtert feststellen, dass sich die Promenade „bis jetzt" nicht als eine Geschäftsstraße Pariser Stils bewährt habe, da Verkaufsgewölbe leer stünden und die Inhaber rasch wechseln würden.[12] Ungeachtet einer dezent geäußerten Skepsis schlug die positive bis euphorische Aufnahme der Ringstraßenplanung in den marktbeherrschenden Führern nicht in eine prinzipielle Kritik um. Kurz nach der Veröffentlichung des Handbillets erschien der „Illustrirte Führer durch Wien" aus dem Leipziger Verlag von Johann Jacob Weber. Das Handbuch rief die Akazien- und Lindenalleen des bedrohten Glacis in Erinnerung, die den Fremden „doch so sehr gefallen", die notwendigen Abstriche stünden aber in keinem Verhältnis zum schlechten Ruf einer „durch den Mangel an öffentlichen Prachtbauten bevorzugten Residenz".[13] Die Nostalgie bezog sich nicht auf die Stadt selbst, sondern auf eine Ästhetik, die jenseits der alten Stadtmauern lag.

„Vielleicht die herrlichste Stadtpromenade in der Welt" erlebte die englische Schriftstellerin Frances Trollope im Jahr 1836 auf den Festungsmauern von Wien.[14] Der romantische Blick der Literatin weitet sich in ihrem Reisebericht von den

Abb. 73: Enthüllung des Maria-Theresien-Denkmals, 13. Mai 1888

Abb. 74: Panorama von Wien 1842
Kolorierter Stich von Johann Hürlimann,
nach einem Gemälde von Rudolf von Alt

Mauern über das Glacis und die ausgedehnten Vorstädte bis hin zum Kahlenberg, somit über eine Stadtlandschaft, die den urbanen Organismus der Straßen und Monumente hinter sich lässt. Zeitgenössische Wien-Führer machten die etwa einstündige Umkreisung auf den Wällen zu einer Stadttour, die Fremden einen raschen Überblick verschaffen sollte. Der Rundgang wurde umso wichtiger, als einzelne Autoren die Vorstädte noch in den 1860er-Jahren als schwer erreichbar bezeichneten.[15] Darüber hinaus erfüllten die Wälle den Wunsch von Reisenden nach idealen Panoramablicken. In der Tourismusbranche des 19. Jahrhunderts spielten illusionistische Rundansichten von London bis Kabul eine große Rolle, wobei den Bildern häufig Pläne und Legenden beigelegt wurden.[16] Wien-Führer dienten im Vormärz zunehmend als Orientie-

Abb. 75: Kärntnerbastei mit Seitenansicht des Kärntnertortheaters, 1858 Aquarell von Emil Hütter

rungspläne für den ungestörten Fernblick, den die Stadtmauer bot, den die Erweiterung aber zerstörte. In einer Neuauflage des genannten Wien-Führers aus „Grieben's Reise-Bibliothek" hat die „früher sehr angenehme" Promenade auf den Basteien 1860 bereits „an ihrem Reiz viel eingebüsst", dem Besucher wird aber zugemutet, mithilfe des Glacis die Abbruchlücken zu füllen.[17] Griebens Wien-Handbuch baute kontinuierlich die Ringstraße als Ersatz für die gepriesene Stadtmauerperspektive auf. Im Jahr der Eröffnung der Prachtstraße erschien eine abermalige Neuauflage, in der nur noch von einem Rundgang „auf dem Glacis mit der Ringstrasse" die Rede sein konnte. Die Überarbeitung besorgte der Münchener Verleger Friedrich Adolf Ackermann, der einige Zeit als Mitarbeiter des Verlags Braumüller in Wien gelebt hatte. Er hielt sich derart eng an den Rahmen seiner Vorlage, dass er den erhöhten Blick auf die Vorstädte zu laufenden Abzweigungen einer Ring-„Wanderung" umfunktionierte, deren Radius sich bis zum Schlachthof von St. Marx erstreckte.[18] Selbst die Weltausstellungsausgabe des

„Baedeker“ von 1873 hielt an dem „Altwiener“ Panorama-Konzept fest, führte vom Stubenring zum Belvedere, vom Opernring in die Kärntner Straße, um die Fremden dann immer wieder an den Ausgangspunkt zurückzubringen: „Wir kehren zur Ringstrasse zurück“, „Wir kehren zum Opernring zurück“.[19] Mit dem Voranschreiten der Bautätigkeiten trennte der „Baedeker“ schließlich die Touren in die Vorstädte vom Gesamteindruck der Ringstraße, deren Monumentalbauten die ideale Horizontlinie eines neuen Rundgangs um die Innenstadt boten. Die zwei Sterne für das Rathaus in der Ausgabe von 1887 basierten unter anderem auf dem „schönen“ Balkonblick, der die ästhetische Aufmerksamkeit reflexionsartig vom Gebäude selbst wieder in die Kunstlandschaft von Park und Boulevard leitete.

Der Ringstraßenbau politisierte den Wien-Führer, in dessen praktische Topografie Elemente des Tagesjournalismus einflossen. Autoren sahen ihre Aufgabe darin, die minutiösen Presseberichte, die über die Planung der Ringstraße und die Fortschritte der Demolierungsarbeiten informierten, aktuell, aber gefiltert an die Besucher weiterzugeben. Der Autor des „Illustrirten Führers“ aus dem Leipziger Verlag Weber setzte sich 1858 als „verständiger Beobachter“ von den Wiener „Feuilletonisten“ ab, die dem „guten alten Wien“ nachtrauerten. Dagegen umkleidete er die künftige Ringstraße mit der Poesie einer kaiserlichen Praterfahrt zum Ersten Mai, womit er den Reisenden die Kulisse für ein „Hof- und Volkstheater“ vorstellte. Der Führer rühmte das kaiserliche Handbillet als „Weihnachtsgeschenk“, ähnlich wie es die amtliche „Wiener Zeitung“ damals formulierte, um einen Erfolg für das „neue“, also neoabsolutistische Regierungssystem zu verbuchen.[20] Das beliebte Bild von der Ringstraße als Geschenk nahm fast 20 Jahre später der Wiener Gemeindebeamte und Bibliothekar Eduard Seis in seinem „Führer durch Wien“ wieder auf, um es dem „edelsten“ Geschenk des Februarpatents (1861) an die Seite zu stellen, denn beide Gnadenakte beendeten jene „traurige Epoche“ des „unerträglichen“ Drucks auf die Bevölkerung.[21] Spätestens zur Zeit der Ringstraßeneröffnung symbolisierte der Boulevard die gewonnene parlamentarische Freiheit, die gesprengte Befestigung das Ende der Repressionen gegen das liberale Bürgertum. Der politische Pluralismus äußerte sich in einem parteipolitischen Kampf um das „richtige“ Bild der Ringstraße. Karl Weiss nützte 1864 für den Führer „Alt- und Neu-Wien“ seine persönlichen Kontakte zu den Protagonisten der Ringstraßenarchitektur, sein fachmännisches Urteil ist aber nicht zu trennen von dem deutsch-liberalen Engagement in der „Deutsch-österreichischen Revue“, in der er sich aus nationalem Interesse gegen französische Stilelemente in den Monumentalbauten aussprach.[22] Weiss aktualisierte das barocke Image Wiens als „schützende Vormauer Deutschlands“, woran der Dramatiker und Journalist Franz Karl Weidmann 1866 in der Neuauflage seines „Illustrierten Fremdenführers“ unmittelbar anschloss: Die Ringstraße sei als ein Friedenswerk nach den blutigen Opfern der Bürgerschaft im Kampf gegen die „Unterdrückungssucht und Beutegier

des rohen Ostens“ entstanden.[23] In diesem Kontext verhieß die Prachtstraße die Erfüllung einer nationalen und zivilisatorischen Mission. Den touristischen Kulminationspunkt des Liberalismus bildete der „riesige, imposante Palast“ des Heinrichhofs, der seinen Baedeker-Stern auch dafür erhielt, dass ihn der einfache „Privatmann“ und Ziegelfabrikant Heinrich Drasche errichten ließ.[24] Daneben gehörten die „herrlichen“, „geschmackvollen“, aber „luxuriösen“ Palais der beiden Bankhäuser Schey und Epstein zu den wichtigsten

Abb. 76: Palais Epstein, nach 1871

Abb. 77: Heinrichhof, um 1875
Farbholzschnitt von F. W. Bader

Identifikationsräumen der Gründerzeitgeneration.[25] Der Börsenkrach von 1873 kratzte daher nicht nur am Vermögen von Bankiers, sondern auch am Glanz des Boulevards. Der Würzburger Verleger Leo Woerl spielte 1880 in seinem „Führer durch Wien“ auf den Notverkauf des Palais Epstein an, wenn er kritisch meint, dass nach dem Fall der Basteien Paläste „wie Pilze aus der Erde“ sprossen, und zwar „für eine grösstentheils verjüdelte Geldaristokratie“, die vor dem „ausgesogenen Volk“ geprunkt hätte.[26] Der Woerl-Verlag gehörte zu den konservativen katholischen Medienorganen, die während des deutschen Kulturkampfs mit antisemitischen Publikationen gegen die liberale wie sozialistische Presse polemisierten. Nach dem Ende der Großen Depression versuchte Leo Woerl, sich neben dem Baedeker-Verlag in der Buchhandelsstadt Leipzig zu etablieren, was wohl mit dazu beitrug, dass er in den weiteren Auflagen des erfolgreichen Wien-Führers seinen Ton mäßigte und nur noch die prächtigen Ringstraßenpalais einer „grossen Geldaristokratie" ansprach.

Zur Zeit ihrer Planung und Eröffnung umgab den Ring das Image einer mondänen, „geschmackvollen" Prachtstraße, die in Abgrenzung zum alten Stadtbild mit seiner „italienischen Zopfarchitektur" entstand, wie es der „Illustrirte Führer" aus dem Leipziger Verlag Weber formulierte. Gerade die verschmähte Barockarchitektur erlebte aber um 1900 in der kunsthistorischen Forschung eine neue Hochkonjunktur, worauf vor allem der „Baedeker" rasch reagierte.[27] Die bisher vernachlässigten Bauten Karlskirche und Schloss Belvedere erhielten um die Jahrhundertwende jeweils einen, Schönbrunn etwas später sogar zwei Sterne, die alle auf Kosten der historistischen Ringstraßenarchitektur gingen. Im ersten „Baedeker" für die Republik Österreich von 1926 hatten sämtliche Monumentalbauten des Boulevards ihre Auszeichnungen verloren, wogegen die Straße selbst als Gesamtkunstwerk ihren Stern behielt. Der Wiener Kunsthistoriker Alfred von Baldass ersetzte in seinem Führer von 1925 das Sternchensystem bewusst durch Zitate renommierter „Kunstgelehrter", um auch dem „Durchschnittsreisenden" ein ästhetisches Urteil zu ermöglichen. Der touristischen Entwertung der Ringstraßenbauten arbeitete er dadurch entgegen, dass er sie als Manifestation eines „barocken Geistes" interpretierte und selbst die flämisch-spätgotischen Details des Rathauses in einer „barocken" Rhythmik und horizontalen Linienführung auflöste. Baldass ersetzte das Netz besuchenswerter Avenuen von Paris bis Berlin durch den neuen Bezugspunkt Rom, dessen Platzgestaltungen und Durchblicke der Wiener Ring „weit hinter sich" lasse.[28] Der Vergleich mit der Ewigen Stadt und die Rückkoppelung an das österreichische „Heldenzeitalter" stellten die Ringstraße in einen Zusammenhang, der sich im 20. Jahrhundert als erfolgreichstes Wiener Fremdenverkehrskonzept bewährte: Der ehemals moderne Boulevard verkörperte jetzt „die große Vergangenheit", der die Stadt – so Baldass – „ihre wunderbare Schönheit verdankt".

1 Susanne Müller: Die Welt des Baedeker. Eine Medienkulturgeschichte des Reiseführers 1830–1945, Frankfurt/M. 2012, S. 54; Nicholas T. Parsons: Worth the Detour. A History of the Guidebook, Stroud 2007, S. 195.

2 Karl Baedeker: Oesterreich-Ungarn. Handbuch für Reisende, Leipzig 20 1884, S. 27f. (Soweit nicht anders angegeben, werden in den folgenden Literaturangaben die Verleger als Autoren geführt.)

3 Simon Lehr: Führer durch Wien, Wien [1910], S. 67; Franz Höllrigl: Wiener Cicerone. Illustrierter Fremden-Führer durch Wien und Umgebung, Wien14 1905, S. 109; Eugen Guglia: Wien. Ein Führer durch Stadt und Umgebung, Wien 1908, S. 1.

4 Zit. nach Thorsten Sadowsky: Reisen durch den Mikrokosmos. Berlin und Wien in der bürgerlichen Reiseliteratur um 1800 (Hamburger Veröffentlichungen zur Geschichte Mittel- und Osteuropas, Bd. 5), Hamburg 1998, S. 105; ders.: Reiseerfahrung und bürgerliche Mentalität. Das Bild vom josephinischen Wien in den Berichten deutscher Reisender in den Jahren 1780–1790, in: Jahrbuch des Vereins für Geschichte der Stadt Wien Jg. 47/48 (1991/1992) S. 229–262, hier S. 242.

5 Vgl. Ulrike Pretzel: Die Literaturform Reiseführer im 19. und 20. Jahrhundert. Untersuchungen am Beispiel des Rheins, Frankfurt/Main 1995, S. 55f; Rudy Koshar: German Travel Culture, Oxford-New York 2000, S. 31; Martha Weghuber: Eine Reise nach Wien. Die Darstellung der Stadt Wien in Reisehandbüchern von 1840–1870, Dipl. Arb., Wien 2003, S. 24.

6 Vgl. Johann Pezzl: Neueste Beschreibung von Wien, Wien 6 1823; Kai Kauffmann: „Es ist nur ein Wien!“ Stadtbeschreibungen von Wien 1700 bis 1873 (Literatur in der Geschichte, Geschichte in der Literatur, Bd. 29), Wien-Köln-Weimar 1994, S. 98; Kurt Mollik, Hermann Reining, Rudolf Wurzer: Planung und Verwirklichung der Wiener Ringstraßenzone (Die Wiener Ringstraße. Bild einer Epoche, Bd. 3), Wiesbaden 1980, Textbd. S. 87.

7 Adolf Anton Schmidl: Wien wie es ist, Wien 31840 (Repr. Wien 2005) S. 6; ders.: Wien und seine nächsten Umgebungen, Wien 71858, S. 9; Friedrich Koch: Der wohlunterrichtete Fremden=Führer in der kaiserl. königl. Haupt- und Residenzstadt Wien und ihren nahen Umgebungen, Wien 1844, S. 87.

8 Theobald Grieben: Zuverlässiger Wegweiser in Wien und dessen Umgebungen (Grieben's Reise-Bibliothek, Bd. 8), Berlin-Wien 4[1856], S. 4; ders.: Wien und Umgebungen. Illustrierter Wegweiser für Reisende (Grieben's Reise-Bibliothek, Bd. 8) Berlin-Wien 51860, S. 15; zu Grieben (1826–1914) vgl. Will Vorderwisch: Grieben, Carl Leopold Eberhard Theobald, in: Neue Deutsche Biographie, Bd. 7, Berlin 1966, S. 56f; Weghuber, Reise nach Wien, S. 30.

9 Karl Weiss: Alt- und Neu-Wien in seinen Bauwerken, Wien 21865 (der Titel von Matthias Fuhrmann, 1738/39); zu Weiss vgl. Elisabeth Springer: Geschichte und Kulturleben der Wiener Ringstraße (Die Wiener Ringstraße. Bild einer Epoche, Bd. 2), Wiesbaden 1979, S. 339, 351.

10 Moriz von Kaschnitz: Rundgemälde von Wien. Ein vollkommen verlässlicher Führer durch die k. k. Reichshaupt- und Residenzstadt und ihre reizenden Umgebungen, Wien 1859, S. 4; Franz Karl Weidmann: Neuester illustrirter Fremdenführer in Wien, Wien 71859, S. 25–31; Albert A. Wenedikt: Neuester, vollständiger und zeitsparender illustrirter Fremdenführer in Wien und seinen Umgebungen, Wien 41863, S. 11; Carl Schönewerk: Das neue Wien. Praktischer Fremdenführer mit einem neuen Plane von Wien, Wien [1864], S. 25.

11 Vgl. hierzu Parsons, Worth the Detour, S. 195 u. 207.

12 Bruno Bucher, Karl Weiß: Wien. Führer für Fremde und Einheimische, T. 1: Wiener Baedeker. Wanderungen durch Wien und Umgebungen, Wien 1868, S. 94.

13 Johann Jacob Weber: Die österreichische Kaiserstadt. Illustrirter Führer durch Wien und seine Umgebungen, Leipzig 1858, S. 14, 20; zu Weber vgl. Karl Friedrich Pfau: Weber, Johann Jacob, in: Allgemeine Deutsche Biographie, Bd. 41, Leipzig 1896, S. 311–314; ähnlich Gustav August Schimmer: Beschreibung der Haupt- und Residenzstadt Wien. Mit einem Fremdenführer, Wien 1866, S. 12; Weidmann: Neuester illustrirter Fremdenführer, S. 31.

14 Frances Trollope: Wien und die Oesterreicher (Vienna and the Austrians), Leipzig 1838, Bd. 2, S. 2.

15 John Murray: A Handbook for Travellers in Southern Germany, London 91863, S. 200.

16 Hierzu Müller: Welt des Baedeker, S. 95.

17 Theobald Grieben: Zuverlässiger Wegweiser in Wien und dessen Umgebungen (Grieben's Reise-Bibliothek, Bd. 8), Berlin-Wien 5[1860], S. 90.

18 Theobald Grieben: Zuverlässiger Wegweiser in Wien und dessen Umgebungen, bearb. v. A. Ackermann (Grieben's Reise-Bibliothek, Bd. 8), Berlin 6[1865], S. 89.

19 Karl Baedeker: Oesterreich-Ungarn. Handbuch für Reisende, Leipzig 161873, S. 21–32.

20 Weber: Die österreichische Kaiserstadt, S. 14–16; zur Pressereaktion: Yair Mintzker: The Defortification of the German City, 1689–1866, Cambridge 2012, S. 236; auch Springer: Geschichte und Kulturleben, S. 111.

21 Eduard Seis: Führer durch Wien und Umgebung. Praktisches Handbuch für Reisende und Einheimische, Wien 1876, S. 39.

22 Springer: Geschichte und Kulturleben, S. 429, 438, 617.

23 Franz Carl Weidmann: Neuester illustrierter Fremdenführer in Wien, Wien 111866, S. 16; vgl. auch Martina Nußbaumer: Musikstadt Wien. Konstruktion eines Images (Rombach Wissenschaften. Edition Parabasen, Bd. 6), Freiburg im Br.-Berlin-Wien 2007, S. 36.

24 Grieben: Zuverlässiger Wegweiser, bearb. v. Ackermann, S. 85; Baedeker: Oesterreich-Ungarn, 161873, S. 20.

25 Schimmer: Beschreibung, S. 18; Leo Woerl: Wien. Ein Führer durch Wien und seine Umgebungen (Woerl's Reisehandbücher), Würzburg 1880, S. 206–207.

26 Woerl, Wien, S. 75; vgl. hierzu Nußbaumer: Musikstadt Wien, S. 36, Anm. 22; Olaf Blaschke: Katholizismus und Antisemitismus im Deutschen Kaiserreich (Kritische Studien zur Geschichtswissenschaft, Bd. 122), Göttingen 1997, S. 60–63, 137, 143.

27 Parsons: Worth the Detour, S. 195 u. 207; vgl. auch Springer: Geschichte und Kulturleben, S. 574.

28 Alfred von Balcass: Wien. Ein Führer durch die Stadt und ihre Umgebung, ihre Kunst und ihr Wirtschaftsleben, Wien 21925, S. 182, 192f.

PETER PAYER

Inszenierter Raum

Die Möblierung der Ringstraße

Straßen sind die Wohnung des Kollektivs. Das Kollektivum ist ein ewig waches, ewig bewegtes Wesen, das zwischen Häuserwänden soviel erlebt, erfährt, erkennt und ersinnt wie Individuen im Schutze ihrer vier Wände.“[1] Die kollektive Aneignung des urbanen Raumes im Zeichen der Moderne, so hatte Walter Benjamin erkannt, bedeutete eine neue Form von Öffentlichkeit. Die von ihm und anderen beschriebene Figur des Flaneurs geriet zum Symbol dieser neuen Massenbewegung, ein moderner Bürger, der zwischen den Häuserfronten zu Hause war und sich elegant darin bewegte.

Die systematische Nutzbarmachung der Straße erforderte adäquates urbanes Mobiliar, Requisiten für den öffentlichen Raum, die es vielfach erst zu entwickeln galt. Genormt und standardisiert,[2] wurden sie in der Folge typisch für die zentraleuropäische Stadt, deren Aussehen sie entscheidend prägten.[3]

Auch auf der Wiener Ringstraße etablierten sich allmählich neue großstädtische Verhaltens- und Wahrnehmungsweisen. Das anfangs vorherrschende Gefühl des Verlusts an gewohnter Orientierung wurde überlagert von neuen Sinneseindrücken und einer Vielfalt an neuen strukturierenden Elementen. Die Beziehung zwischen Stadt und Mensch begann sich – innerlich wie äußerlich – neu zu formen.

Äußerlicher Rahmen dafür war die klare und übersichtliche Gliederung des Straßenraums in Hauptfahrbahn, Gehallee, Reitallee, Nebenfahrbahn und Gehsteig. Die Befestigung des Untergrunds erfolgte auf unterschiedliche Weise: Haupt- und Nebenfahrbahn waren gepflastert; die Allee für Reiter war mit lockerem Erdreich versehen, jene für Fußgänger makadamisiert, also mit verdichteten Gesteinskörnungen unterschiedlicher Größe belegt; die Gehsteige bestanden aus großformatigen Granitplatten.[4]

In den Unterbau der Straße verlegte man modernste technische Infrastruktur: Sammelkanäle, Gasleitungen, Wasserleitungen, ab der Jahrhundertwende auch Kabel für Strom und später Telefon. Ebenfalls von Beginn an wurden Straßenbahnschienen verlegt, anfangs nur am Schottenring, wo ab 1865 die Pferdestraßenbahn verkehrte, ab den Jahren 1868/69 auch in den übrigen Abschnitten der Ringstraße auf beiden Seiten der Hauptfahrbahn.[5]

Abb. 78: Kärntner Ring, um 1876
Wilhelm Burger

Abb. 79: Alleebäume am Parkring und am Stubenring, um 1860

Zentrales oberirdisches Gestaltungselement waren zunächst die Bäume. Sie waren es, die der Straße den Charakter einer großzügigen Allee verleihen und zugleich für ausreichende Ventilation und gesunde Luft sorgen sollten. Im Jahr 1863 wurden am Kärntner Ring die ersten Platanen und Götterbäume eingesetzt, zwei Jahre später war der gesamte Ring mit einer vierreihigen Allee bepflanzt. Schon bald zeigte sich jedoch, dass die verwendeten Bäume nicht recht gediehen. Eilig wurden Expertengutachten eingeholt, mit dem Ergebnis, dass ab 1880 neue Baumarten gesetzt wurden, zumeist Ahorne, Linden und Ulmen. Zum Schutz vor Beschädigung und zur effizienteren Bewässerung umgab man sie zudem mit erhöhten Rasenscheiben, die später zu Rasenstreifen zusammengefasst wurden.[6]

Die neuen Bäume wuchsen problemlos. Sie machten die Ringstraße zur ersehnten Prachtallee, die den Passanten im Sommer wohltuenden Schatten spendete. Noch Jahrzehnte später bezeichnete der Schriftsteller Otto Friedländer die Ringstraße verklärend als „großer stiller Park, der die ganze Stadt umschließt".[7]

Abb. 80: Laternen im Straßenraum und an der Einfriedung des Burggartens, vor 1879

Nicht weniger eindrucksvoll war die Beleuchtung. Schon 1863 hatte man mit den Arbeiten für die Gasbeleuchtung begonnen, die ersten fertiggestellten Straßenabschnitte befanden sich vor dem Volksgarten, dem Kaisergarten (Burggarten) und vor dem Stadtpark. Der Ausbau ging zügig voran, wobei die Beleuchtungskörper aus einfachen gusseisernen Kandelabern mit vierscheinigen Laternen bestanden, aufgestellt in sechs Reihen die ganze Ringstraße entlang. An besonderen Orten wie vor der Oper installierte man ab etwa 1869 spezielle Prunkkandelaber. Und auch an den Einfriedungen von Volks- und Kaisergarten waren in regelmäßigen Abständen repräsentative Laternen angebracht.[8] Es war ein neuartiges und ergreifendes Schauspiel, das sich in der Nacht darbot. Der Zeitgenosse Friedrich Schindler, der die Ringstraße 1866, kurz nach deren offizieller Eröffnung, inspizierte, sprach von einem imposanten „Feuermeer",[9] und auch der Schriftsteller August Silberstein äußerte sich 1873 schwärmerisch: „Endlose Zeilen von Gasflammen dehnen sich vor uns, hinter uns, rechts und links in's Unabsehbare aus, wie ein stetiges Feuerwerk. […] Zuweilen ist man an Plätzen von einem leuchtenden Riesenringe, von einem Feuerkreise weitaus und rings umgeben, wie im Märchen, es ist märchenhaft schön."[10]

Betrieben wurde die Beleuchtung von der englischen Imperial Continental Gas Association, die seit 1845 für die Stadt Wien tätig war und in der Folge mehrere Kooperationsverträge abgeschlossen hatte. Die Flammen brannten entweder halbnächtig (bis Mitternacht) oder ganznächtig (durchgehend).[11]

In den 1880er-Jahren kamen weitere, aufwendig gestaltete Prunkkandelaber hinzu: vor Votivkirche und Parlament, vor der Universität, vor Rathaus, Burgtheater und am Maria-Theresien-Platz. Nach Ablauf der Verträge mit der englischen Gasgesellschaft übernahm die Stadt Wien im November 1899 die Agenden der öffentlichen Beleuchtung. Die bisher dominierenden Westminster-Laternen wurden sukzessive durch kommunale Leuchtentypen ersetzt, die – modernisiert und ausgestattet mit dem Auer'schen Gasglühlicht – weitaus effizienter und heller brannten. Nach der in den Jahren 1903/04 durchgeführten Elektrifizierung der Ringstraße folgten sodann auf der Opernkreuzung die ersten Beleuchtungsversuche mit Bogenlampen. Diese waren auf zwölf Meter hohen Masten montiert und strahlten etwa zehnmal so hell wie das bisherige Gaslicht. In rund vier Metern Höhe waren ergänzend dazu noch weitere Glühlampen angebracht.[12]

All dies änderte das Erscheinungsbild der Straße grundlegend, ermöglichte neue ästhetische Erfahrungen und war die Basis weiterer Aktivitäten, die sich nunmehr oft bis in die Nacht hinein auf der Ringstraße etablierten. Aspekte der Sicherheit und der Repräsentation spielten dabei eine wesentliche Rolle. Vor allem letztere wirkte sich stilbildend auf das gesamte Straßenmobiliar aus. Wie auch bei den Ringstraßengebäuden waren technische Neuerungen durchwegs in ein konservatives, historisierendes Kleid verpackt, sodass die dahinter stehenden Innovationen so gut wie unsichtbar blieben.[13] Das mehrfach betonte Ziel der „Verschönerung des Stadtbildes" stand im Zentrum der Bemühungen.[14] So wurden

Abb. 81: Straßenraum vor dem Burgtheater, um 1890 Auguste Wimmer

Abb. 82: Straßenraum vor der Oper um 1900

Abb. 83: Pavillon mit Uhr, Parkring, um 1870

die elektrischen Lichtmasten an der Spitze mit schneckenförmigen Auslegern („Bischofsstäbe") und ab November 1905 mit runden Blumenkörben[15] versehen; die Einfriedungen vor Volks- und Kaisergarten waren vergoldet und deren Laternen mit einer kleinen Krone bestückt; und auch die neuen Einrichtungen zur Information und Entsorgung ordneten sich dem selbstverständlich unter.

Gemäß der bürgerlichen Wertschätzung von Pünktlichkeit und Verlässlichkeit, hielten erstmals öffentliche Uhren Einzug in den Straßenraum. Zusätzlich zu den in der Stadt zahlreich vorhandenen Kirchturmuhren traf man ab Ende der 1860er-Jahre entlang der Ringstraße auf Pavillons, die mit Reklametafeln und jeweils einer kleinen, in der Nacht beleuchteten Uhr bestückt waren. Sie waren als eiserne Oktogone mit reich verziertem Dachaufbau ausgeführt. Aufgestellt wurden sie etwa am Opernring, Burgring, Parkring, Schottenring oder am Franz-Josefs-Kai.[16] Mit den Pavillons war die offizielle Zeitanzeige erstmals in unmittelbare Nähe zu den Passanten gerückt. Allerdings bestanden sie nur für einige Jahrzehnte. Spätestens zur Jahrhundertwende wurden sie im Zuge von Umbauten demontiert.[17]

Ihr Betrieb war rein mechanisch, er erfolgte durch Handaufzug, dementsprechend war er auch mit einigen Ungenauigkeiten behaftet. Weswegen man neue Antriebstechniken suchte und im Februar 1877 am Schottenring, vis-à-vis der Votivkirche, eine pneumatische, d. h. mit Druckluft betriebene Ständeruhr mit drei Zifferblättern installierte. Mit dieser Aufsehen erregenden Erfindung des Ingenieurs Carl Albert Mayrhofer war Wien die weltweit erste Stadt, die eine derartige Uhr besaß.[18] Leider ohne den gewünschten Erfolg, denn auch sie ging letztlich zu ungenau. Im Jahr 1910 wurde sie an einen anderen Ort versetzt.

Die Ringstraße blieb allerdings jener Ort, an dem der Bevölkerung neue Technologien vorgestellt wurden. Knapp nach der Jahrhundertwende kamen öffentliche Uhren mit elektrischem Antrieb zum Einsatz: als Kontrolluhren an Straßenbahnhaltestellen (Schottenring), am Turm des Militärgeographischen Instituts in der Landesgerichtsstraße, über dem Eingang der neu errichteten Handels- und Gewerbekammer am Stubenring, an der Außenseite der ebenfalls neu errichteten Volkshochschule Urania – und an der Opernkreuzung. Hier ging Ende August 1907 die erste kommunale Straßenuhr, montiert an einem Lichtmast, in Betrieb,[19] eine Vorform der Würfeluhr, die in der Folge prägend für Wiens Straßen werden sollte (1913 wurde am Schottenring eine weitere Uhr diesen Typs errichtet). Die symbolisch wie real wichtigste Zeitanzeige an der Ringstraße blieb jedoch jene am Turm des neuen, 1883 eröffneten Rathauses. Sie war es, die von Beginn an die erstarkte Macht des liberalen Bürgertums repräsentierte und demzufolge auch mit der größten Fernwirkung ausgestattet war.

Zu wichtigen Informationsdrehscheiben wurden auch die Reklamesäulen, die nach Pariser und vor allem Berliner Vorbild – der Drucker und Verleger Ernst Litfaß hatte sie ab 1854 massiv propagiert[20] – nun in Wien Einzug hielten. Private Ankündigungsunternehmen erhielten ab den 1870er-Jahren die Berechtigung, sie am Rand der Gehallee aufzustellen. Ab 1888 wurden sie durch eine zweite Serie der Firma J. Weiner ersetzt. Zur Jahrhundertwende gingen die Säulen in das Eigentum der Stadt über, die sie ihrerseits an Werbefirmen vermietete. Die zylindrischen Säulen wiesen einen gusseisernen Sockel auf und einen Korpus aus Eisenblech, an der Spitze befand sich eine reich verzierte Kuppel mit dem Wappen der Stadt Wien und der genauen Standortbezeichnung. Der Innenraum war durch eine Tür begehbar und konnte als Lager benutzt werden.[21] Den rasch wechselnden Reizen der

Abb. 84: Lichtmast mit Blumenkorb, daneben Litfaßsäule, Kärntner Ring, August 1912
Österreichische Lichtbildstelle

Großstadt entsprach die Litfaßsäule in perfekter Weise. Sie wurde zu einem Ort der flüchtigen Kommunikation, der ohne soziale Einschränkung, niederschwellig und anonym, aufgesucht werden konnte.[22] Gemeinsam mit zahlreichen anderen Reklame- und Orientierungstafeln, Verkehrs- und Straßenschildern[23] drückte sich darin der Trend zur Verschriftlichung des öffentlichen Raumes aus – die geschriebene Sprache trat zunehmend an die Stelle der gesprochenen.

Ebenfalls aus dem Ausland importiert wurde eine wichtige hygienische Neuerung: öffentliche Toilettenanlagen.[24] Ab 1861 gab es – nach Pariser Vorbild – Versuche mit Pissoirs, deren erstes am Ring nahe der Hofoper aufgestellt wurde. Nicht ohne Schwierigkeiten, gab es doch immer wieder heftige Beschwerden, insbesondere wegen des im Sommer nur allzu deutlich wahrnehmbaren Gestanks. Die schneckenförmigen oder pavillonartigen Bauten waren aus Holz oder Eisen gefertigt, die Eingänge hatte man mit einer Schamwand kaschiert und dem unzweideutigen Hinweis „Hier".

Ihre Notwendigkeit war unbestritten. Denn an den bereits fertiggestellten Abschnitten der Ringstraße waren von Beginn an beträchtliche Menschenmassen unterwegs. „Wer das Publikum bemerkt an schönen Tagen, an Sonntagen, und sieht die Tausenden, die kaum ausweichen können, und sich denkt, daß dort kein Pissoir ist, wird die Dringlichkeit eines solchen einsehen", hieß es 1866 im Gemeinderat. Zahlreiche Bäume und auch die Baugerüste der im Entstehen begriffenen Häuser wurden nicht selten zur Notdurftverrichtung missbraucht.[25]

Zur Feststellung geeigneter Standorte wurde eine eigene „Pissoir-Kommission" gegründet, Inspektionsreisen in ausländische Städte galten der Eruierung des besten Modells. Mit dem Ergebnis, dass Ende der 1860er-Jahre immerhin bereits 16 Pissoirs entweder direkt an der Ringstraße, am Kai oder in den angrenzenden Parkanlagen standen.[26]

Abb. 85: Bedürfnisanstalt am Burgring, um 1900

Allerdings nur für Männer, weshalb der aus Berlin stammende Unternehmer Wilhelm Beetz dem Wiener Gemeinderat anbot, „Bedürfnißanstalten für Personen beiderley Geschlechts“ aufzustellen. Ab 1884 wurden sie in der ganzen Stadt errichtet, oft lösten sie die in die Jahre gekommenen Pissoirs ab. Im Jahr 1914 zählte man in der Ringstraßenzone 18 öffentliche Toilettenanlagen: zwei Pissoirs (Rathauspark, Schmerlingplatz), eine unterirdische Anstalt (Schwarzenbergplatz) und 15 oberirdische Anstalten. Bei letzteren handelte es sich um rechteckige Pavillons, entweder zur Gänze Holz- oder – der häufigste Typ – Eisen-Glas-Konstruktionen mit innerer Holzverschalung. Sämtliche Modelle wiesen mehrere Pissstände und bis zu acht Klosettkabinen auf. Die Pissstände waren mit einem von Beetz erfundenen, geruchsmindernd wirkenden Öl-System ausgestattet, die entgeltlich zu benützenden Kabinen nach I. und II. Klasse (mit oder ohne Handwaschbecken) differenziert. Jede Anlage wurde von einer Warteperson betreut.[27]

Vom Aussehen und Konstruktion ähnlich wie die Bedürfnisanstalten waren die Wartehäuschen der Straßenbahn, die seit den späten 1870er-Jahren ebenfalls in Fertigteilbauweise errichtet und nach der Jahrhundertwende modernisiert wurden.[28] Gemeinsam mit dem großen Stationsgebäude für die Pferdestraßenbahn am Schottenring (erbaut 1865)[29], dem Kabelpavillon am Franz-Josefs-Kai (Umleitstation für Telegrafenleitungen, erbaut 1873, abgebrochen 1899)[30]

Abb. 86: Steinbänke, Blick über die Ringstraße Richtung Heldenplatz und Hofburg, um 1870

sowie mehreren Trinkhallen und sternförmigen Kiosken[31] bewahrte man somit bei sämtlichen Hochbauten der Ringstraße ein einheitliches Erscheinungsbild. Auch in großer Zahl errichtete Kleinmöbel wie Hydranten und Poller[32], Briefkästen[33], Baumschutzgitter sowie diverse niedrige Einfriedungen von Parks und Rasenflächen[34] passten sich dem historisierenden, oft aufwendig gefertigten Grunddesign der Ringstraße an.[35]

Praktisch für die Passanten waren schließlich Sitzgelegenheiten, die zwischen den Alleebäumen aufgestellt wurden. Dabei handelte es sich anfangs um einfache Steinbänke ohne Lehne, erst ab Beginn der 1880er-Jahre kamen bequemere Modelle aus Holz und Gusseisen in Gebrauch. Als Normtyp avancierten sie zur klassischen Wiener Parkbank, mit Rückenlehne und Armlehnen, deren typische Schneckenform dem Möbel ein unverwechselbares Gepräge verlieh.[36]

Eine abermalige Erweiterung des Straßenmobiliars vollzog sich nach der Jahrhundertwende mit der Elektrifizierung der Straße. Sie brachte nicht nur, wie erwähnt, neue Beleuchtungskörper, sondern auch neue Masten für die Oberleitungen der Straßenbahn. Die anfangs aus ästhetischen Gründen im Boden installierten Unterleitungen wurden im Dezember 1915 aufgelassen.[37] Auch das Niveau der Fahrbahn wurde aus Sicherheitsgründen an zahlreichen Stellen verändert. Verkehrsinseln waren notwendig geworden, um die zunehmend stärker befahrene Straße gefahrloser überqueren zu können.[38]

Es war die Physiognomie der Moderne, die sich in der Ausstattung der Ringstraße, wenn auch meist camoufliert, so doch kompakter als anderswo in Wien, widerspiegelte. Und so ist es wohl gerade die stilistische Einheit dieser „Herzader Groß-Wiens", wie der Kunstkritiker Ludwig Hevesi sie nannte,[39] deren Kraft dafür sorgte, dass heute zwar bei Weitem nicht mehr alle, aber immerhin durchaus bemerkenswerte Überreste der Straßenmöbel aus den ersten Jahrzehnten erhalten sind.[40]

1 Walter Benjamin: Das Passagen-Werk (Gesammelte Schriften, Bd. 2), hg. von Rolf Tiedemann, Frankfurt/Main 1982, S. 1051.

2 Das erste systematische Handbuch darüber wurde von Adolphe Alphand, einem der wichtigsten Mitarbeiter Georges-Eugène Haussmanns, verfasst: Les Promenades de Paris. Mobilier urbain, 2 Bde., Paris 1867–1873.

3 Vgl. Eve Blau, Monika Platzer (Hg.): Mythos Großstadt. Architektur und Stadtbaukunst in Zentraleuropa 1890–1937, München-London-New York 1999, S. 87–92. Zur Geschichte der Ringstraßen-Möblierung vgl. die grundlegende Studie von Martin Kupf: Die Wiener Ringstraße in historischer Sicht. Dokumentation der historischen Stadtmöblierung, unveröffentlichte Studie, 4 Teile, Wien o. J. (1989). Inhalte davon finden sich auch in ders., Dieter Klein, Robert Schediwy: Stadtbildverluste Wien. Ein Rückblick auf fünf Jahrzehnte, Wien 2005, S. 241–260. Kupf weist besonders auf das beträchtliche Forschungsdefizit hin, das auf diesem Gebiet besteht.

4 Manfred Wehdorn: Die Bautechnik der Wiener Ringstraße, Wiesbaden 1979, S. 229–230.

5 Ebd., S. 229, 326.

6 Michaela Masanz, Martina Nagl: Ringstraßenallee. Von der Freiheit zur Ordnung vor den Toren Wiens, Wien 1996, S. 97–116.

7 Otto Friedländer: Letzter Glanz der Märchenstadt, Wien 1985, S. 13.

8 Wehdorn, Bautechnik, S. 228, 230, 255–256, 261–262.

9 Friedrich Schindler: Rundschau von Wien's Neubauten und Spaziergang durch dessen neue Straßen (kein Fantasiebild), Manuskript im Privatbesitz, 1866, Bogen 1, 12.

10 August Silberstein: Die Kaiserstadt am Donaustrand. Wien und die Wiener in Tag- und Nachtbildern, Wien 1873, S. 60–61.

11 Zur (Technik)-Geschichte der öffentlichen Beleuchtung von Wien vgl. u.a. Heinrich Schlögl: Das öffentliche Beleuchtungswesen Wiens und die behördliche Überwachung elektrotechnischer Anlagen, in: Rudolf Tillmann (Hg.): Hundert Jahre Wiener Stadtbauamt 1835–1935, Wien 1935, S. 274–288; Helmut Ruck, Christian Fell: Gas. Energie für Wien im Wandel der Zeit, Bd. 1, Wien 2009.

12 Für Details der einzelnen Leuchtentypen vgl. Wehdorn, Bautechnik, S. 230, 262–269; Kupf, Ringstraße, Teil B.

13 Wehdorn, Bautechnik, S. 132.

14 Vgl. Carl E. Schorske: Wien. Geist und Gesellschaft im Fin de Siècle, Frankfurt/Main 1982, S. 25.

15 Kupf, Ringstraße, Teil B, S. 12.

16 Das Vaterland. Zeitung für die österreichische Monarchie, 25. Februar 1866, S. 3; Neue Freie Presse, 25. Februar 1866, S. 5.

17 Vgl. dazu Peter Payer: Die synchronisierte Stadt. Öffentliche Uhren und Zeitwahrnehmung, Wien 1850 bis heute, Wien 2015.

18 Vgl. dazu u.a. Pneumatic Town Clocks in Vienna. Designed by A. C. Mayrhofer, in: Scientific American Supplement, Nr. 84, 11. August 1877, S. 1331; Pneumatische Uhren, in: Dinglers Polytechnisches Journal, Bd. 233/1879, S. 256–257.

19 Vgl. Wiener Abendpost, 30. August 1907, S. 2; Neuigkeits-Welt-Blatt, 31. August 1907, S. 10; 1. September 1907, S. 9; Illustrirtes Wiener Extrablatt, 1. September 1907, S. 5.

20 Vgl. dazu u.a. Sabine Reichwein: Die Litfaßsäule. Die 125-jährige Geschichte eines Straßenmöbels aus Berlin. Berliner Forum Nr. 5/1980; Reinhard Wahren: Lieber Litfaß! Eine Begegnung mit dem Berliner Reklamekönig, Berlin 1998.

21 Kupf, Ringstraße, Teil C, S. 14–16.

22 In den 1920er-Jahren folgten neue, ebenso demokratische Kommunikationseinrichtungen: öffentliche Telefonzellen (im Design „Ringstraßentyp") und Personenwaagen mit Münzeinwurf.

23 Vgl. Kupf, Ringstraße, Teil C, S. 19–26.

24 Vgl. dazu Peter Payer: Unentbehrliche Requisiten der Großstadt. Eine Kulturgeschichte der öffentlichen Bedürfnisanstalten von Wien, Wien 2000.

25 Gemeinderatssitzungsprotokoll vom 19. April 1966.

26 Gemeinderatssitzungsprotokoll vom 7. Jänner 1868; Die Gemeindeverwaltung der Reichshaupt- und Residenzstadt Wien in den Jahren 1867–1870. Bericht des Bürgermeisters Dr. Cajetan Felder, Wien 1872, S. 390.

27 Vgl. Payer, Requisiten, S. 92–101, 218, 225; Wehdorn, Bautechnik, S. 384–390, Tafel 222–225.

28 Wehdorn, Bautechnik, S. 328–329; Kupf, Ringstraße, Teil C, S. 3–6.

29 Kupf, Ringstraße, Teil C, S. 3.

30 Wehdorn, Bautechnik, S. 421.

31 Zur Geschichte des Kiosks vgl. Elisabeth Naumann: Kiosk. Entdeckungen an einem alltäglichen Ort. Vom Lustpavillon zum kleinen Konsumtempel, Marburg 2003.

32 Kupf, Ringstraße, Teil C, S. 36–39.

33 Ebd., S. 40–41.

34 Ebd., S. 47–53; Wehdorn, Bautechnik, S. 254–259.

35 Öffentliche Papierkörbe gab es zur Jahrhundertwende noch keine, sie verbreiteten sich in Wien erst ab den 1920er-Jahren.

36 Kupf, Ringstraße, Teil C, S. 54–56.

37 Kupf, Ringstraße, Teil C, S. 32.

38 Ebd., Teil D, S. 22; Paul Kortz: Wien am Anfang des XX. Jahrhunderts. Ein Führer in technischer und künstlerischer Richtung, Bd. 1, Wien 1905, S. 175. Mitte der 1920er-Jahre wurde an der Opernkreuzung eine weitere verkehrstechnische Innovation präsentiert: die erste Ampel Wiens.

39 Ludwig Hevesi: Ein Gang über die Ringstraße, in: Wienerstadt. Lebensbilder aus der Gegenwart, Prag-Wien-Leipzig, o. J. (1895), S. 441.

40 Beispielsweise die öffentliche Bedürfnisanstalt am Parkring, die Einfriedungen von Heldenplatz, Volks- und Burggarten (als weltweit längste, aus der Zeit des Historismus stammende Zaunreihe), ein Baumschutzgitter in der Kärntner Straße, zahlreiche Prunkkandelaber.

Kiesling 829

MICHAELA PFUNDNER

Friedrich Schindler

Rundschau von Wien's Neubauten und Spaziergang durch dessen neue Straßen (kein Fantasiebild)

Der nachfolgend erstmals edierte Text ist ein Dachbodenfund. Das Manuskript lagerte unbeachtet gemeinsam mit anderen Dokumenten der Familie Kiesling in Fürstenfeld/Steiermark, wurde erst im Jahr 2008 bei genauerer Sichtung der gesamten Unterlagen entdeckt und mittlerweile der Handschriftensammlung der Österreichischen Nationalbibliothek übergeben.

Es handelt sich um einen 66-seitigen, handschriftlich auf Kanzleibögen verfassten Brief eines Wiener Gerichtsbeamten an seinen Jugendfreund, der 1853 von Wien nach Fürstenfeld gezogen war. In diesem umfangreichen Schreiben aus dem Jahr 1866 gibt der Verfasser ein sehr plastisches Bild der Veränderungen Wiens durch die Schleifung der Basteien und der damit verbundenen Stadterweiterung, mit sehr persönlicher Sicht auf die Neuerungen und Umwälzungen. Darin enthalten sind zahlreiche Anspielungen auf die gemeinsame Vergangenheit und topografische Querverweise an seinen früher in Wien lebenden Freund in der Steiermark. Besonders bemerkenswert sind die liebevoll eingeklebten und seine eigenen Zeilen unterstreichenden Zeitungsausschnitte aus dem Lokalanzeiger der „Presse" und dem „Fremdenblatt" und mehrere bebilderte Artikel aus der illustrierten Zeitschrift „Über Land und Meer".

Das Manuskript ist nur mit dem Vornamen seines Verfassers gezeichnet; eine eingeklebte Carte-de-visite-Fotografie mit seinem Porträt ist (wahrscheinlich vom Empfänger?) entfernt worden.

Abb. 87:
Friedrich Schindler, 1829
Zeichnung von Franz Josef Kiesling

Nach der Transkription des Textes und den sich daraus ergebenden biografischen und örtlichen Hinweisen konnte mithilfe des Wiener Adressverzeichnisses „Lehmann“[1] (1866) der vollständige Name des Autors eruiert werden. Nach Durchsicht und Transkription des ebenfalls erhaltenen Briefwechsels des Empfängers Franz Joseph Kiesling mit seiner Verlobten Theresia Adrian aus den Jahren 1821 bis 1827 war es möglich, den recherchierten Namen – Friedrich Schindler – zu verifizieren[2].

Friedrich Schindler wird 1803 geboren und durchläuft eine klassische juristische Beamtenkarriere. 1837 ist er Accessist[3] der k.k. Obersten Justizstelle, 1838 bis 1841 wird er als Kanzlist des „k.k. Appellations- und Criminal-Obergericht für Oesterreich ob und unter der Enns“ geführt[4], 1842 ist Schindler Hofkanzlist der k.k. Obersten Justizstelle.

Ab dem Jahr 1859 ist Friedrich Schindler im Wiener Adressverzeichnis „Lehmann“ angeführt, zuerst als Adjunkt des k.k. obersten Gerichtshofes, im Jahr 1864 ist er bereits Hilfsämter-Direktor, ab 1875 trägt er den Amtstitel Hilfsämter-Ober-Direktor. 1881 wird ihm der der Franz-Joseph-Orden verliehen[5]. Er bleibt als Hilfsämter-Ober-Direktor bis 1884 im Amt, 1885 ist er bereits als „Hilfsämter-Ober-Direktor in Pension, k.k. Regierungsrat, Ritter des k.k. österreichischen Franz-Joseph-Ordens“ im „Lehmann“[6] registriert. Friedrich Schindler stirbt verwitwet am 26. Dezember 1890 an einer Luftröhrenentzündung[7], wird am 28. Dezember 1890 von Franz Mestan[8] eingesegnet und wahrscheinlich am Zentralfriedhof beigesetzt. Leider blieb eine Grabstellensuche erfolglos.

Der Empfänger und Freund Friedrich Schindlers, Franz Josef Kiesling, wird 1798 in Wien geboren. Nach einer schulischen Ausbildung an der Josefstädter Hauptschule, am Josefstädter Gymnasium bzw. an der k.k. Realakademie arbeitet Kiesling in den Jahren 1817 bis 1819 in Wien als Kanzleipraktikant. 1821 und 1822 ist er als Diurnist[9] in Mähren tätig, verdingt sich kurzfristig als Französischlehrer und tritt anschließend in die Dienste eines Anwalts.

1828 ehelicht er Theresia Adrian (1799–1880), mit der er während einer langjährigen Verlobungszeit emsig korrespondiert. 1830 kommt die gemeinsame Tochter Sidonie in Wien auf die Welt. Franz Josef Kiesling arbeitet ab 1833 als Geschirrhändler und ab 1843/1844 als Schreiber und Kanzleigehilfe. Wahrscheinlich übersiedelt er 1853 gemeinsam mit seiner Frau in die Steiermark und lebt dort mit seiner Tochter und seinem Schwiegersohn auf Schloss Welsdorf bei Fürstenfeld, wo er schließlich am 28. September 1887 stirbt.[10]

Der Text wurde wortgetreu transkribiert, nur die notwendigsten Angleichungen an die heutige Sprache wurden vorgenommen bzw. Abkürzungen ausgeschrieben. Da zahlreiche Namen, topografische Anspielungen und Verweise in diesem Manuskript enthalten sind, die der heutigen Leserin bzw. dem heutigen Leser nicht mehr geläufig sind, musste ein ausführlicher Anmerkungsapparat geschaffen werden, um den Text in seiner Gesamtheit für die Gegenwart lesbar und verständlich zu machen.

Dieser Bericht vermittelt uns heute einen ungeschönten, privaten Blick eines gebildeten und sehr belesenen Wiener Beamten auf die Stadterweiterung. Sein durchaus kritischer Blick drückt aber aber auch Neugierde und Freude am Umbruch aus. Er schreibt im Bewusstsein, gerade Zeuge der größten baulichen Umgestaltung Wiens zu werden. Wir kennen zahlreiche „öffentliche“ Stimmen, die sich in Zeitungen und Büchern zum Thema Stadterweiterung geäußert haben; private Zeugnisse – vor allem in diesem Umfang und auch dieser literarischen Qualität – stellen aber eine absolute Rarität dar und sind damit auch eine stadt- und mentalitätsgeschichtliche Quelle ersten Ranges.

1 Lehmann's Allgemeiner Wohnungs-Anzeiger, Wien 1859ff.

2 Brief von Theresia Adrian an Franz Josef Kiesling, 18. Juli 1825, Privatbesitz

3 Rechtspraktikant

4 Hof- und Staat-Schematismus des österreichischen Kaiserthums, Wien 1838–1841

5 Wiener Zeitung, 5. Jänner 1881

6 Lehmann's Allgemeiner Wohnungs-Anzeiger, Wien 1885

7 Sterbematriken Maria Treu

8 http://www.biographien.ac.at/oebl/oebl_M/Mestan_Franz_1865_1941.xml

9 Amtsschreiber

10 Biografische Informationen, Briefe und Zeugnisse zu Franz Josef Kiesling befinden sich in Privatbesitz

Rundschau

von Wien's Neubauten und Verzierungen durch etliche neue Nachbarn.

/: kein Phantasiebild :/

Der Wallgürtel, der die /: un=:/ züchtigen Hüften der Jungfrau „Windobona" umschloß, ist gefallen, die Stadtgräben sind ausgefüllt, u. deren Stelle nehmen jetzt Zinshäuser u. Gartenanlagen ein.

Bevor ich das für mich faulen Kerl, schwierige Werk der Rundschau beginne, lesen Sie zuerst das Druckblatt, um eine Idee der Stadterweiterungskosten zu bekommen.

* (Kosten der Stadterweiterung.) Die Kollaudirung für die Kosten der Stadterweiterung wurde soeben beendet. Es dürfte von Interesse sein, die Summen zu erfahren, welche die Beseitigung der einzelnen Objekte und schließlich die ganze Stadterweiterung mit Rücksicht auf die Entfernung der Basteien und auf die Nivellirung gekostet hat. Rothenthurmthor und Bastei 37.256 fl. 92 kr., Stubenthor 3798 fl. 22 kr., Kärntnerthor 45.546 fl. 51 kr., Gonzaga-Bastei und Fischerthor 46.288 fl. 73 kr., Elendbastei und Neuthor 58.614 fl. 76 kr., Neuthorbastei 76.556 fl. 72 kr., Wasserkunstbastei 70.719 fl. 4 kr., Neues Kärntnerthor und Augustinerbastei 121.581 fl. 26 kr., Mölker Ravelin 78.948 fl. 29 kr., Schotten- und Franzensthor 68.666 fl. 76 kr., Karolinenthor 37.504 fl. 8 kr., Burgbastei 123.774 fl. 52 kr., Löwelbastei 22.396 fl. 20 kr., Paradiesgärtchen 61.085 fl. 27 kr., Biberbastei 133.000 fl. Die Demolirung der Basteien hat sonach eine Summe von circa 1,020.000 fl. gekostet. Durch den Verkauf der gewonnenen Ziegel, Steine und andern Materials wurde ein Erlös von nahezu 400.00 fl. erzielt, folglich belaufen sich die reinen Auslagen für die Demolirung auf 620.000 fl. Die Regulirung des Paradeplatzes hat sammt der Herstellung der Wege 210.000 fl. gekostet, die Herrichtung der Baumgruben und des Reitsteiges 14.5 2 fl. 80 kr., die Besämung 2772 fl., die Bäume kosteten 1851 fl. 7 kr., die Barrieren und Geländer 5418 fl. Alles in Allem ist sonach die Stadterweiterung auf circa 860.000 fl. zu stehen gekommen. Die Erdumgrabungen umfaßten 125.168 Kubikklafter und die Kubikklafter zu sechs Fuhren gerechnet 751.008 Fuhren. An Mauern wurden 29.488 Kubikklafter abgebrochen.

Nun zur Schilderung der Aussicht aus meinem Fenster. Der Gesichtskreis hat sich verengert, die Aussicht rechts gegen die Landstraße ist verschwunden, ich sehe keine Karlskirche mehr, kein Arsenal, kein Belvedère, keine Wieden, u. ein Theil von Mariahilf fängt auch an, den Blicken zu entschwinden,

Rundschau von Wien's Neubauten und Spaziergang durch dessen neue Straßen (kein Fantasiebild)

Der Wallgürtel, der die (un =) züchtigen Hüften der Jungfrau „Windobona" umschloß, ist gefallen, die Stadtgräben sind ausgefüllt, und deren Stellen nehmen jetzt Riesenhäuser und Gartenanlagen ein. Bevor ich das für mich, faulen Kerl, schwierige Werk der Rundschau beginne, lesen Sie zuerst das Drukblatt, um eine Idée der Stadterweiterung zu bekommen.

Nun zur Schilderung der Aussicht aus meinem Fenster.[1] Der Gesichtskreis hat sich verringert, die Aussicht rechts

1 Wien 8, Auerspergstraße 13

Abb. 88: Titelblatt des Manuskripts mit eingeklebtem Artikel aus dem Lokalanzeiger der „Presse" 20. September 1865

Abb. 89: Das Wohnhaus von Friedrich Schindler in Wien 8, Auerspergstraße 13, 1901 August Stauda

Abb. 90: Blick über das Josefstädter Glacis auf die Stadt und den Volksgarten mit Theseustempel, um 1863

gegen die Landstraße ist verschwunden, ich sehe keine Karlskirche mehr, kein Arsenal, kein Belvedére, keine Wieden, und ein Theil von Mariahilf fängt auch an, den Bliken zu entschwinden. Alles dieß haben die jetzigen riesigen Neubauten verdekt. Vor meinem Fenster breitet sich der imposante Paradeplatz[2] aus, ein längliches Vierek 1044 Schritte[3] lang und 480 breit, umgeben von einer 6 Klafter[4] breiten Reit-Allée, dieser Platz ist mit dickem – silbergrau angestrichenen Gebälke eingefaßt, wie die Schranken an der Heerstraße, diesem Reitsteige schließt sich ein 2 Klft. breites Trottoir an, welches pour le moment noch ungepflastert und vorderhand nur mit den bekannten runden Steinchen aus der Donau bedekt ist, und als Hühneraugenkur von den damit behafteten benützt wird, die an das homöopathische princip glauben „similia similibus" ergo: was cor au pied[5] erzeugt, muß sie auch vertreiben – nun die hiesigen Anhänger St. Crispin's (Schuster)[6] sollen die idée der Väter unserer Vorstadt segnen, diese Probe des Passions-Weges zu Jerusalem – noch einige Zeit fortdauern zu lassen. An dieses Trottoir stößt die Ringstraße, bei uns noch ungepflastert, anderswo schon in vollem Glanze! Diese Ringstraße ist nun in voller Blüthe resp. „Staubblüthe" und entwikelt in diesem Genre ganz Vorzügliches, worüber unsere Lungenkranken sich ganz besonders zu erfreuen dürften. Um diesem Übel zu steuern, haben die Stadt-Ingénieurs rings um die Stadt an sämmtlichen Ringstraßen tiefe Schachte graben laßen, eiserne Röhren von riesigem Kaliber (1 Schuh[7] im Durchmesser) hineinlegen lassen, und Wasser Gott weiß woher? hineingeleitet, und so wie in Hamburg, von Streke zu Streke barierstök-artige[8] eiserne Kegel aus dem Boden steigen lassen, die oben geöffnet, und der Cautchouk-Schlauch hineingeschraubt wird, der an dem einen Ende mit einer Vorrichtung, wie bei den Gießkannen versehen ist, und so die Straße bespritzen „sollte" – aber Gott weiß, „wo" sie wieder einen Fehler gemacht haben, recte „Pluzer" – die Geschichte geht nicht – ungeachtet der 180000 fl[9] welche die Geschichte gekostet haben soll – geht's halt doch nicht – und man bespritzt

2 Exerzier- und Paradeplatz am Josefstädter Glacis, vorerst von Ringstraßenplanungen ausgenommen, keine Fahrstraße und unbepflanzt, wurde erst 1870 aufgelassen; umfasste das Areal des heutigen Rathauses, Parlaments und der Universität

3 1 Schritt = ca. 76 cm

4 1 Klafter = etwa 1,9 Meter

5 Hühnerauge

6 Der heilige Crispin (+ um 287) ist u.a. Schutzpatron der Schuhmacher

7 Etwa 31,61 cm

8 Barrierstock ist ein kleiner Pfeiler, zur optischen Abgrenzung von Flächen, aber auch zur Verhinderung der Durchfahrt mit Fuhrwerken. Gemeint sind hier wohl die ersten Hydranten in Wien

9 Gulden. Die Kosten für die tatsächlich nicht funktionierende Anlage betrugen 179.865 Gulden. Vgl. Wiener Kommunalkalender 1867, S. 148, wo Schindlers Darstellung im Wesentlichen bestätigt wird

AOTC

Abb. 91: „Sprengwagen" auf der Ringstraße; im Hintergrund die Votivkirche, um 1890

die Straßen durch Wasser-Wägen mit mechanischer Vorrichtung!!!!!! –

An die Ringstraße gränzt wieder ein bis jetzt ungepflastertes Trottoir, und beide diese Treppel-Wege sind – so wie der Reitsteig des Paradeplatzes – von Zukunfts-Alléen[10] eingefaßt. Richard Wagner hat in seinem Tannhäuser eine Zukunfts-Musik geschrieben – hier hat man sich in der Zukunfts-Allée ein Denkmahl gesetzt! Wer aber ist – „man"? – soit dit sans malice![11] Halt! Bald hätte ich auf den Glanzpunkt des Paradeplatzes vergessen, derselbe wird täglich – ob Mondschein oder nicht – wahrhaft verschwenderisch von hunderten von eléganten Gaskandelabres beleuchtet, d.i. Trottoirs und Ringstraßen – 4 Reihen Candelabres – 30 Schritte Entfernung einer von den Andren, dieß gibt jeden Abend eine Prachtillumination, ein wahres Flammenmeer, jeder Fremde muß staunen, der diesen Fernanblik genießt, und muß meinen, Wien illuminiert täglich und ist in dulci jubilo – indeß wir hier bei 28% agio[12] ganz erkleklich lamentiren und gar nicht erlustriren, besonders seit dem unglüklichen Sommer,[13] wo wir nichts als jammern und zähneklappern thaten.

Abb. 92: Volksgarten, handschriftliche Ergänzung „Von der Stadtseite her" Im Originalmanuskript enthalten

10 Frische Baumsetzlinge

11 „Es sei ohne Bösartigkeit gesagt"

12 Begriff aus dem Finanzwesen, bezeichnet den Aufschlag, der bei bestimmten Geschäftsarten zusätzlich zum Kaufpreis verlangt werden kann

13 Am 3. Juli 1866 ging die Schlacht bei Königgrätz verloren

Abb. 93: Gartenterrasse des Volksgarten-Restaurants, 1903 August Stauda

Die Stadt liegt jetzt offen vor meinen Blicken ich sehe in den Volksgarten hinein, der Theseus-Tempel ist ganz sichtbar, das Paradiesgärtchen[14] steht noch vor der Hand, wird aber abgetragen werden,[15] und an dessen Stelle soll das neue Burgtheater mit dem „Schillerplatze“[16] zu stehen kommen – aber wann? – Der Salon des Volksgartens ist vergrößert worden,[17] ein weißer Gebälkebau im Schweizerstil,[18] der Garten selbst ist erweitert worden, ohne Scherz – prachtvoll angelegt, plattes-bandes[19] – boulingrains[20] – pelousses[21] – plateaux[22] – alles was man nur wünscht, mit neuartigen confortablen Gartenbänken (sehr zahlreich) versehen, Blumen-Bänke, Statuen (Gipsmasse), Fontänen – nichts fehlt, der nun angelegte Theil des Gartens steht auf dem alten Stadtgraben, und alljährlich machen die neuen Anlagen

Abb. 94: Paradeisgartl am Terrain des heutigen Burgtheaters, 1871 Zeichnung von Emil Hütter

14 Kleine parkähnliche Anlage neben dem Volksgarten auf der Löwelbastei mit Blick über den Paradeplatz auf die Josefstadt mit einer Kaffeerestauration (Corti'sches Café) und einem Pavillon für kleine Orchester

15 Verwirklicht 1872

16 Der Schillerplatz lag am Ring, dem heutigen Burgtheater gegenüber. Anlässlich der Schillerfeier 1859 wurde per kaiserlichem Handschreiben der Platz vor dem Franzenstor Schillerplatz genannt. Bei der Umgestaltung des Paradeplatzes wurde er in den Rathauspark einbezogen. Seit 14. Juni 1870 befindet sich der Schillerplatz am heutigen Standort

17 Renoviert 1855

18 Aus Skandinavien kommender Baustil. In Norwegen ab ca. 1840 sehr populär, ursprünglich wohl auf deutsche Architekten zurückgehend, die sich von Schweizer Alpenhäusern inspirieren ließen. Kennzeichnend sind große Dachüberhänge, verzierte und durchbrochene Giebel, großzügige, oft verzierte Fenster. Villen im Schweizerstil haben oft Veranden, Wintergärten und verkleidete Brüstungen

19 Rabatten, eingefasste Blumenbeete

20 Richtig: boulingrin (franz.) aus engl.: bowling green. Ursprünglich Rasenplatz für das Boule-Spiel, vertieft gelegene Rasenfläche

21 Pelouse = Rasenfläche

22 Plateaus, gemeint sind wohl ebene Flächen

Abb. 96: Volksgartenbrunnen, um 1870

[2]

aus alter Anhänglichkeit der Grundfeste ihr Compliment durch eine tiefe Senkung[23], wodurch wieder viele Arbeiter ihre Nahrung finden, denn – da wird stets gegraben, gewühlt, und Erde aufgehäuft – man muß ja den brodlosen Fabriksarbeitern[24] auch etwas zu verdienen geben, was bei der jetzigen Geschäftsstokung eine wahre Wohlthat ist; – denn – hier gibt's viel Armuth und Ehlend, ungeachtet des äußeren Glanzes. – Zweier Zierden des Volksgartens muß ich besonders erwähnen, da ist ein neues Wasserbassin, welches auch nicht unterlässt seiner Senkungskomplimente zu schneiden und daher sich auch oft „doctern" lassen muß, heuer wurde dessen Mittelpunkt mit einer „monumentalen Geschichte" geziert, einer Monstre-Schale von Bronce auf dergleichen piedestal,[25] mit einer Unzahl von Wasserstrahlen und Verzierungen[26]. Dann das famose Goldgitter, welches 150,000 fl. gekostet hat, die reiche Vergoldung und Broncirung desselben soll allein auf 72,000 fl. gekommen sein. Dieses Gitter ist eine Prachtarbeit aus der Eisengießerei zu Blansko,[27] imposant, dabei sehr zierlich aus Gußeisen-Stäben geformt, deren Spitzen in gekrümte Arabesquen enden, alle 4 Klafter ist eine Säule, darauf eine vergoldete Gaslaterne von einer Kaiserkrone überragt, unten das Wiener Stadtwappen. Dieses Gitter reicht bis an's Burgthor (welches vor der Hand stehen blieb) dann rechts von

Abb. 95: Blick vom Bauplatz des Neuen Burgtheaters über den Volksgarten gegen das heutige Museumsquartier, um 1876
Wilhelm Burger

23 Das Erdniveau der eben erst zugeschütteten Gräben war noch über längere Zeit im Sinken begriffen. Bauten und Anlagen, die sowohl auf festem Grund als auch auf frischen Schüttungen ruhten, neigten daher zur teilweisen Absenkung, was zu erheblichen Bauschäden führen konnte. Mögliche Abhilfen waren die Verdichtung des Grundes, z.B. durch Einrammen von Holzpfosten („Piloten"), oder die Fundamentierung durch bis zu 2 m dicke Betonplatten. Beim Volksgarten wurde wohl auf beides verzichtet. Siehe dazu Wiener Kommunalkalender 1867, S. 38ff.

24 Es herrschte hohe Arbeitslosigkeit aufgrund des Amerikanischen Bürgerkriegs, da keine Baumwolle nach Europa exportiert wurde; arbeitslose Weber wurden in großer Zahl bei Demolierungsarbeiten eingesetzt

25 Sockel, Podest

26 Brunnen im Volksgarten von Anton Fernkorn, 1866

27 Stadt im Jihomoravský Kraj in Mähren. Die erste Hälfte des 19. Jh. war eine Blütezeit der Hüttenindustrie in Blansko und vor allem der Herstellung von Gusseisenkunst

Abb. 98: Administrationsgebäude des Erzherzog-Albrecht-Palais, Frontalaufnahme aus dem Burggarten, 1890 August Stauda

demselben schließt es den Kaisergarten[28] ein, bis zum neuen Palais des E.H. Albrecht,[29] welches am Opern-Ring erbaut wurde, und wovon ich später sprechen werde. Der Platz zwischen der Burg und dem Burgthore ist bedeutend vergrößert worden, und um 28 Klafter vor das Letztere hinausgeschoben worden, und wird von dem oben erwähnten Goldgitter auf beiden Seiten des Thores eingeschlossen. Der Platz ist in vier große boulingrains abgetheilt, von Wegen durchschnitten, mit Allèen bepflanzt, unter den Bäumen Bänke, sehr ziehrliche Sopha's nachahmend, die besonders in schönen Sommernächten zu gar kuriosen Zwecken benützt werden! –

Wenn ich vom Burgthore aus Front gegen die Burg mache, so sehe ich zu meiner Linken ein Rondeau, worauf das Monument des E.H. Carl[30] steht, dessen Abbildung ich nicht bekommen konnte, dasselbe ist auch von den schon erwähnten Eisensophas umgeben – und stellt den E.Herzog in der bekannten Generalsuniform dar, auf bäumenden Roße – in der Rechten die Fahne von „Aspern". Rechts davon in ähnlichem

Abb. 97: Erzherzog-Karl-Denkmal am Heldenplatz, um 1874 Wilhelm Burger

28 Burggarten

29 Erbaut 1862–1863. Heute Goethegasse 1, vom Opernring allerdings getrennt durch das Palais Schey

30 Denkmal von Anton Dominik Fernkorn, Enthüllung am 22. Mai 1860. Das auf nur zwei Punkten, den Hinterbeinen des Pferdes, ruhende, 20 Tonnen schwere Denkmal gilt als technische Meisterleistung

Abb. 99: Prinz-Eugen-Denkmal am Heldenplatz, 1866
Im Originalmanuskript enthalten

Rondeau ist das Monument des Prinzen „Eugen"[31] dessen Abbildung hier folgt.

Und nun kommen wir wieder zurük zu meinem Hause! Unter meinen Fenstern zieht sich die neue Lastenstraße,[32] von der Josefi-Gasse neben meiner Wohnung geht direkte eine Verbindungsstraße[33] in gerader Linie auf die Ringstraße zum Volksgarten, welche ebenfalls von zwei Trottoirs flanquirt ist, und welche auch mehrere Reihen von Gas Candelabres zieren. Die ganze Ringstraße um die Stadt, ist mit 4 Reihen Gas-Candelabre und die dahin führenden Seitenstraßen und Wege mit 2 dergleichen Reihen eingefaßt. Nun ist noch eine neue Einmündungsstraße[34] hinzugekommen, vom Spittelberg aus gegen den Volksgarten zu, wo die Pairamide der „schwarzen Muttergottes"[35] steht. Alle diese Fahrstraßen sind mit Granitwürfel gepflastert. In dieser Gegend sieht es derzeit noch wüst genug aus, halb gefällte Allèen, höheres und tieferes Niveau des Erdreiches, ausgesteckte Bauplätze, die bei den jetzigen Zeiten wohl lange nur „ausgesteckt" bleiben werden, kurz ein wüstes Durcheinander,

31 Denkmal von Anton Dominik Fernkorn, Enthüllung am 18. Oktober 1865

32 Parallel zur Ringstraße 1862–1864 gebaut, mit der Funktion, Lastentransporte von der Prunkstraße fernzuhalten. Im Bereich des 8. Wiener Gemeindebezirks heute der Straßenzug Landesgerichtsstraße (Name seit 1877) – Auerspergstraße (Name seit 1862)

33 Doblhoffgasse?

34 Heute Bellariastraße

35 Eiserne Säule mit Marienstatue vor dem Burgtor von Johann Nepomuk Schaller, nach einem Entwurf von Pietro Nobile, 1825. Im Jahr 1857 abgetragen und im Konventgarten des Schottenstifts aufgestellt

Wie es da aussieht, mögen Sie aus beiliegenden Zeitungszeilen selbst beurtheilen, und es muß schon arg geworden sein, wenn sich die Behörde veranlaßt sieht, etwas dagegen zu thun.

[Regulirung der Glacisgründe.] Gestern fand sich auf den Stadterweiterungs-Gründen zwischen der Kärntnerstraße und dem Bezirke Josephstadt eine Commission ein, welcher Vertreter des Hofärars, der Statthalterei, der Stadterweiterungs-Commission, des Gemeinderaths, Magistrats und Stadtbauamts beiwohnten. Die Aufgabe der Commission war, den vielen Klagen über die wüste Regellosigkeit auf diesen der inneren Stadt, namentlich der k. k. Hofburg zunächst gelegenen, mit Staub und anderen unnennbaren Dingen überhäuften Plätzen Abhilfe zu schaffen. Es wurde beschlossen und in der k. k. Hofburg zu Protocoll gegeben, daß diese Plätze vorerst regulirt, dann die Gründe außerhalb des Burgthores, auf welchen seinerzeit die Museen erbaut werden sollen, eingeplankt und mit Gras besäet werden sollen, um die Staubwolken, die dort ihre Erzeugungsstätte finden, hintanzuhalten, endlich daß, vom siebenten und achten Bezirke ausgehend, fünf Gehwege nach der Stadt errichtet werden, für deren Beleuchtung die Commune Sorge zu tragen hat. Die Arbeiten wurden auch sofort in Angriff genommen.

Seit einigen Tagen wird an der Ausgleichung dieser Plätze täglich mit hunderten von Leuten gearbeitet, u. bei fortgesetzter schöner Witterung ist baldige Erlösung aus diesem Staubmeere zu hoffen!

In dieser Wüste bilden zwei freundliche Oasen einen erquickenden Anblick, u. machen von dem greulichen Durcheinander eine Ausnahme.

[3]

wenig erquiklich – eine Mahnung des alten guten, zeitlich zu Grabe getragenen alten gemüthlichen Wien's. Wie es da aussieht, mögen Sie aus beiliegenden Drukzeilen selbst beurtheilen, und es muß schon arg gewesen sein, wenn sich die Behörde veranlaßt sieht, etwas dagegen zu thun. Seit einigen Tagen wird an der Reglung dieser Plätze täglich mit Hunderten von Leuten gearbeitet, und bei fortgesetzter schöner Witterung ist baldige Erlösung aus diesem Staubmeere zu hoffen! In dieser Wüste bilden zwei freundliche Oasen einen erquikenden Anblick, und machen von dem gräulichen Durcheinander eine Ausnahme. Vis à vis des bekannten Gasthauses Zur Stadt Belgrad,[36] dessen renomirter Wirth Klampfl[37] sich im Jänner d.J. erhenkte, (man sagt im Irrsinn) liegt ein grüner Fleck, dessen Sie sich noch erinnern werden, vom ehemaligen Schmidt'schen Balcone aus, gesehen zu haben, dieser ist jetzt gegen die obere schmale Seite des Paradeplatzes mit einem 12 Klafter langen Glas-Salon versehen, auf dessen Dache drei Riesen-Fahnen wehen, darin sind Tische und Stühle aufgestellt. Daneben steht ein zweiter etwas kleinerer Pavillon, von 6 schlanken Holzsäulen getragen, mit grau und rothem Zwilchdache überdekt, ebenfalls mit Tischen und Stühlen versehen, und für „noblere" Gäste bestimmt – gleichsam um den Unterschied zwischen „Extrazimmer" und „Schwemme"[38] herzustellen. Diesem Pavillon links steht ein kleiner Kiosk, von einer schwarzgelben Fahne überragt, darin treibt das Wirthshausorchestre sein Unwesen, welches mich mit seinen schauerlichen Dissonanzen allnächtlich bis 12 Uhr darüber nachdenken läßt, ob es nicht besser wäre _ _ _ _ _ _ _ _ _ In der Mitte des Platzes steht ein hölzerner Rundbau, an dessen Eingange ein Schamhaftigkeitsschirm[39] mit der Inschrift „HIER" angebracht ist, und zu Erleichterungszwecken benützt wird. Das Ganze ist mit etlichen Bäumchen versehen, von weißen Sandwegen durchschnitten, und mit Oléander-Bäumen in Kübeln reich bespikt.

Abb. 100: Seite des Manuskripts mit eingeklebtem Artikel aus dem Lokalanzeiger der „Presse" 28. Oktober 1866

36 Wien 8, Auerspergstraße 11/Josefsgasse 1. Sehr populäres Gasthaus, in dem zuweilen bekannte Musiker auftraten; die in der Folge genannten Pavillons gehörten dazu

37 Josef Klampfl war von 1834–1865 Inhaber des Gasthauses; Schindler täuscht sich wegen des Todesdatums, Klampfl starb bereits am 8. Dezember 1865

38 „Schwemme" bezeichnet in einer Schankwirtschaft jenen Bereich, in dem besonders große Mengen Bier ausgeschenkt bzw. getrunken werden. Sie ist gekennzeichnet durch einfache Möblierung, die möglichst vielen Gästen gleichzeitig Platz bietet

39 Pissoir

Abb. 101: Weghuber-Garten gegen das Palais Trautson, um 1860

Vis à vis dem sogenannten Spaliermacher-Haus,[40] in der Nähe der ungarischen Garde,[41] schon gegen den Spittelberg zu, ist die zweite Oasis, der „Weghuber-Garten"[42] nun auch zu Grabe getragen. Noch voriges Jahr bestand er, nun geht die Lasten-Straße durch, und was übrig blieb, ist zu einem kümmerlichen Kinderspielgarten[43] umgewandelt worden, mit ein paar Sitzbänken und Gesträuchern versehen. Voriges Jahr war dieser Platz noch eine großartige Gartenanlage, mit einem Tanzpavillon aus Gußeisen, mit Zelten, Schweitzerhäuschen, Springbrunnen, Blumenbeeten, Gartensofa's mit eisernen Fußschemmel, Hunderte von Tischen, auch war eine elegante Erleichterungsanstalt da, in deren Vorzimmer sogar Sofa, Spiegel, ein Tisch mit Zeitungen zur Benützung des Publikums geboten wurden. Hier versammelte sich – die elegante Halbwelt, es wurden orientalische – venezianische – und noch andre Nächte gegeben[44] zu 80 kr[45] entré die Person, jetzt ist das alles vorbei, der Eisenpavillon ist nach Ischl gewandert, die Doppelmusiken[46] verklungen, die ich in stillen Sommernächten aus meinem Fenster recht gut hören konnte. Ein großes Stük Terrain verschlang die nun durchführende Lastenstraße, nur das kleine Buschwäldchen blieb verschont, Abend und Nachts sollen ganz aparte Dinge in dieser jetzt offen stehenden Anlage vorgehen, und in dem Gebüsche ihren Schutz finden. Schade um die frühere schöne Anlage, deren Genuß man sich, wenn

40 Ecke Glacis und Kapuzinergasse (heutige Neustiftgasse), darin zuerst „Eichhorns Kaffeehaus", später „Café Weghuber". 1910 durch Neubau ersetzt, heute Museumsstraße 5a. Spaliermacher: alte Bezeichnung für Tapetenmacher

41 Palais Trautson, bis 1848 Sitz der „Ungarischen Garde", 1848 bis 1867 Gebäude des Niederösterreichischen Landesarmee-Kommandos, nach dem Ausgleich 1867 erneut Sitz der „Ungarischen Garde", heute Justizministerium

42 Café Weghuber (1840–1865) mit großem vorgelagerten Garten, es wurden hier fast täglich Konzerte und wöchentlich größere Feste abgehalten

43 1865 wird der Garten von der Gemeinde Wien übernommen und als Park für die Öffentlichkeit zugänglich gemacht

44 Z. B. „Andalusische Nacht"; Bericht im „Local-Anzeiger" der „Presse" vom 30. Juni 1865

45 Kreuzer

46 Als Doppelmusiken werden zeitgenössisch Versuche mit Vokalinterferenzen bezeichnet. Friedrich Schindler dürfte den Begriff hier allerdings spöttisch anwenden und den ungeliebten, weil seine Nachtruhe störenden, Musikern unfreiwillige Interferenzen unterstellen

Abb. 103: Café Weghuber, um 1865
Im Originalmanuskript enthalten

[4]

kein Fest stattfand, für 10 kr erkaufen konnte. Sogar wurde daselbst im Sommer 1864 (1865?) auch ein kriegerisches Fest veranstaltet, zu dessen militärischer Ausschmükung das Arsénal die Mittel lieferte, ich selbst sah Tags darauf die Waffen wagenweise wegführen, der bekannte Dichter Baron Klesheim[47] hat auch ein morgenländisches Nacht-Fest im Costüme arrangirt[48].

Vor dem Pallaste der gewesenen ungarischen Garde wurde dieser Tage ein Bauplatz in großen Dimensionen eingeplankt,[49] ich glaube fast – ein kühner Bauherr will den schlechten Zeitverhältnißen trotzen, und dem über nichts mehr erstaunenden Wien eines jener Riesenhäuser in kürzester Frist hervorzaubern, wie sie jetzt wirklich in einigen Monaten – ja Wochen – vollendet werden. Es ist wahr, erstaunlich schnell wird hier gebaut, dünne Mauern, keine Dippelböden,[50] sondern Riesenungeheuer aus Gußeisen tragen die Wände und Stockwerke, in welche Eisenfurchen letztere förmlich eingefaßt werden und darin hängen. Die Fußböden und Plafonds werden durch zierliche Lattengitter getragen, die mit Stuc verbunden, ein zierliches aber gebrechliches Ganze bilden, daher häufige Einstürze den Notizenjägern für Zeitungen häufigen Verdienst zu 3 Neukreuzern die dreispaltige Zeile liefern.[51] Diese Neubauten

Abb. 102: „Der Stiegeneinsturz am Schottenring." Illustrirtes Wiener Extrablatt, Titelblatt vom 28. Oktober 1872

47 Anton Freiherr von Klesheim (1812–1884), österreichischer Mundartdichter

48 „Bagdad in Wien", Local-Anzeiger der „Presse", 6. September 1865, S. 9

49 Vor dem Palais Trautson (ehemals Gebäude der Ungarischen Garde) erstreckt sich bis zur Museumsstraße (ehemalige Lastenstraße) eine kleine dreieckige Parkanlage, die kaum jemals verbaut gewesen sein dürfte. Möglicherweise wurde der Bauplatz für das geplante Abgeordnetenhaus vorbereitet, das lt. Wiener Kommunalkalender hier stehen sollte. Es gibt dazu auch Hinweise in der Tagespresse

50 Geschoßzwischendecke aus mit Dübeln („Dippeln") verbundenen Balken bestehend

51 Hier handelt es sich ganz offensichtlich um eine Übertreibung des Autors. Eine neue Bauordnung vom 23.9.1859 ließ die Verwendung neuer Materialien und Bauelemente wie Eisenträger zu und erlaubte damit billigeres und schnelleres Bauen

FERDINANDVS I. AVST. IMP. MDCCCXL.

Abb. 104: Schottentor, 1859
Carl Kroh

sollen im Sommer die afrikanische Wüstenhitze repraesentiren, im Winter aber an die Kälte des Eispols erinnern – also – in Neu-Wien haben wir Abwechslung genug, im Sommer gebraten, und wenn wir im Staube bis dahin nicht erstikt sind, so können wir im Winter con amore erfrieren! Die Lastenstraße unter meinem Fenster kommt in gerader Linie vom Schottenthor, (welches demolirt ist[52]), geht zum Kriminal-Gebäude,[53] resp. in die Alservorstädter Haupt-Straße,[54] macht beim Criminal einen Bug zieht sich an demselben entlang bei mir vorbei in gerader Linie bis zum ungarischen Gardegebäude, macht da eine Biegung längs der kaiserlichen Stallungen,[55] und geht gerade nach Mariahilf, schneidet hier bei Casapicola[56] die Straße nach der Mariahilferhauptstraße rechts durch, und zieht sich dann gegen die Wieden hinüber

52 1862 demoliert, nur ein Gehtor blieb bis 1900 erhalten

53 Heutiges Landesgericht, erbaut 1831–1839

54 Heute Alser Straße

55 Heute Museumsquartier

56 Casa piccola, Mariahilfer Straße 1b. Ursprünglich ein kleines Haus, dem ersten Gebäude links auf der Mariahilfer Straße vorgebaut. Im 19. Jh. Kaffeehaus. Heute steht dort der Neubau aus den Jahren 1896–1902 (Wohn- und Geschäftshaus)

Abb. 105: Mariahilfer Straße mit der alten „casa piccola", die 1895/96 durch einen Neubau ersetzt wurde, um 1890

WIENER FLEISCHHAUER VEREINIGUNG
ZUR VERWERTUNG DER NEBENPRODUKTE

Abb. 106:
Josefstädter Straße 2, 1907
August Stauda

Abb. 107: Blick auf die Elisabethbrücke und den dahinterliegenden vierten Bezirk, um 1870
Wilhelm Burger

wo sie bis in die neu erbaute Elisabethbrüke[57] und noch weiter in die Schwarzenbergbrüke[58] einmündet, wovon ich später sprechen resp. schreiben werde, und noch von vielem Anderen, was ich aus meinem Fenster sehe, und in dieß Bereich gehört, ich muß dieß aber zuletzt lassen, weil diese Gegend den Schluß meiner beschreibenden Promenade bilden wird.

Nun wollen Sie mich bei meinem ersten Ausgange begleiten, wir treten vor das Haus, und vergebens sehen Sie sich nach der alten Johanneskapelle[59] um, und nach den freundlichen Akazien, die dort standen, auch der Auslaufbrunnen[60] fehlt, sammt den böhmischen Mentschern, deren reiche appas'[61] ich verstohlen vor der Frau Nani bekukte – alles dieß ist pritsch[62] – und hat dem vergrößerten Paradeplatze[63] weichen müssen, der fast bis unter mein Fenster gerükt ist. Dafür haben Sie recte sehen Sie eine Ihre organes oloriferes[64] scharf berührende Überraschung vor sich. Bei Hagens Kaffehaus[65] gerade vis à vis der Eingangsthür – (nämlich links

57 Steinbrücke über den noch unregulierten Wienfluss zwischen der Kärntner Straße und der Wiedner Hauptstraße, nach Plänen Ludwig von Försters; eröffnet 1854, abgebrochen 1897

58 Brücke über den Wienfluss, eröffnet 1865, im Zuge der Wienflusseinwölbung abgetragen 1895 und die Fläche in den Schwarzenbergplatz integriert

59 1723 an der Kreuzung Josefstädter Straße/Landesgerichtsstraße erbaut, 1839 infolge einer Straßenverlegung neu aufgestellt gegenüber den Häusern Auerspergstraße 15 und 17, 1864 endgültig abgebrochen

60 Diese Brunnen wurden durch die Albertinische Wasserleitung (1804), die u.a. auch die Josefstadt belieferte, und die Kaiser-Ferdinand-Wasserleitung (1846) versorgt

61 Reize

62 Veraltet für: weg, verschwunden

63 1863/64 wurden Abgrabungen und Planierungen vorgenommen, Grasflächen und Feldwege angelegt und Laternen zur Beleuchtung aufgestellt

64 Pseudolateinische Wortbildung, etwa: „Riechorgane“ = Nase

65 Josefstädter Straße 2, in den 1850er-Jahren von Johann Hagen übernommen, heute Café Eiles

Abb. 108: Blick auf das Landesgericht vor der Aufstockung 1906, 1905
August Stauda

Abb. 109: Durchblick von der Landesgerichtsstraße in die Florianigasse, um 1900

von meiner Wohnung aus) welch zierlicher Pavillon von Zinkblech, und grau mit Ölfarbe bemahlt, und roth eingefaßt, das Innere aber grün ausgeschmükt. Sehen Sie sich doch die Frucht der Pariser und Londoner Studien eines unserer eigens zu diesem Zwecke in beide genannten Städte gesendeten Gemeinderathes[66] genau an, es lohnt sich der Mühe – auf schlanken Gußeisen-Säulen ruht ein zierliches Blechdach, mit Arabesquen und durchbrochener Carniche verziert, bei den Eingängen Schamhaftigkeitsschirme, im Innern ein sechstheiliger fächerartiger Apparat der in einer eben so vieltheiligen Muschel endet, die bestimmt ist, den quälenden Überfluß der bierkonsumirenden Menschheit der Josefstädter Bierhäuser ein Linderungsasyl vulgo „Brunzhäusel" zu bieten. Auch ein Fortschritt! – und solcher Anstalten gibt es jetzt aller Orten, es hat lange gebraucht, ehe die alten ekelhaften Brunzsteine[67] verschwanden.

[5]

Ich überlas das bisher Geschriebene und sehe daß ich noch Monate brauchen werde um fertig zu werden, wenn ich fortführe, nicht zur Sache Gehöriges zu plauschen. Machen wir es also kürzer, folgen Sie mir links vom Kaffehause herab gegen das Kriminalgebäude.[68] Vor allen diesen Häusern befinden sich ohne Ausnahme niedliche Vorgärten, von zierlichen Holzgittern eingefaßt. Darin befinden sich Pavillons, Blumenbeete, Bäumchen, und gewundene mit Sand bestreute Wege. Bei dem großen gräflich Czernin'schen Hause[69] ist der Vorgarten in 3 Abtheilungen getheilt, im eleganten Stile angelegt, und mittelst eines eisernen Lanzengitters eingefriedet. Das Kriminal macht nur eine Ausnahme, vor demselben sind die eingeschränkten Plätze blos mit Gras besämt. Der durch das Kriminal und das Ekhaus der Florianigasse gebildete Winkel, wird durch ein Kaffehaus[70] und dessen hübschen Garten ausgefüllt, wo man im Sommer nebst Bier auch kalte Küche bekommt.

66 Einrichtung einer „Pissoir-Commission" unter dem Wiener Gemeinderat Schnürer, vgl. u.a. „Neue Freie Presse", 4. Februar 1865

67 An manchen Wiener Straßenecken in den Boden gelegte steinerne Fußplatten, mit deren Hilfe man das Urinieren auf einige wenige festgelegte Orte konzentrieren wollte, um so der Geruchsbelästigung Herr zu werden (vgl. dazu Peter Payer, Der Gestank von Wien, 1997)

68 Die Lastenstraße (in diesem Abschnitt heute Landesgerichtsstraße) entlang, beginnend bei der Josefstädter Straße nach Norden

69 Friedrich-Schmidt-Platz 4, erbaut 1839

70 Florianigasse 2, Besitzer Johann Lindwurm, später Café Monopol („Zum neuen Rathaus")

Abb. 110: Blick über die Alserkaserne und das Allgemeine Krankenhaus; rechts vorn die Schwarzspanierkirche mit freiem Vorfeld, um 1860

Abb. 111: Wien 9, Schwarzspanierhaus. Aufnahme gegen die Schwarzspanierkirche; ein Jahr vor dem Abbruch, 1902
August Stauda

Die Eke, gebildet durch die Alserkaserne[71] und das rothe Haus,[72] ist jetzt auch mit einem Garten ausgefüllt, der zu dem daselbst befindlichen Kaffehause[73] gehört. In neuerer Zeit sind jetzt über 300 Kaffehäuser und dergleichen Schänken in Wien wie Pilze aus dem Regen emporgeschossen. Ich schreibe dieß einer Zeitungsnotiz nach, für deren aproximative Wahrheit ich aus Selbstanschauung einstehen kann. Wie sonst Greißler, sieht man heute Kaffehschänken in jedem 3./ 4. Hause! Eine Folge der Gewerbefreiheit.[74]

Das alte Bettenmagazin[75] im Schwarzspanierhause[76] wurde in ein Bethaus für die evangelische Garnison Wiens adaptirt, von außen ein wenig restaurirt, von Innen sah ich es noch

71 Alser Straße 2, abgerissen 1912. Heute befinden sich auf dem Gelände die Österreichische Nationalbank und der vorgelagerte Ostarrichi-Park

72 Garnisongasse 5–11/Rotenhausgasse 6–10/Frankgasse 6–10. Ehemalige Reitschule, später zu einem Wohnbau umgestaltet. Die heutige Rotenhausgasse erinnert noch daran

73 Das Kaffeehaus „Maison Rouge“ (seit 1860) war ein berüchtigter Treffpunkt der „Halbwelt“

74 Durch die 1859 erlassene Gewerbeordnung wurden in der Monarchie die Zünfte endgültig abgeschafft und die Gewerbefreiheit gesetzlich verankert

75 Gemeint ist das von 1787 bis 1861 dort bestehende Militärbettenmagazin, im Volksmund scherzhaft auch „Flöhmagazin“ genannt

76 Schwarzspanierstraße 15. Sterbehaus Ludwig van Beethovens, Abriss 1903, Neubau 1904

Abb. 112: Blick auf die eingerüsteten Halbtürme der Votivkirche, um 1865, Oscar Kramer

nicht. Unweit dieser Kirche, auf dem so genannten kleinen Exercier-Platze vor dem Schwarz-Spanierhause, gegen die Straße zum ehemaligen Schottenthor, steht die Votivkirche,[77] schon ziemlich ausgebaut, die Thürme zur halben Höhe, das Dach fehlt noch, die Anbauten von außen sind wundervoll, die Riesenrosette ober dem Hauptthor ist überraschend fein gearbeitet, man glaubt versteinerte Brüssler-Spitzen zu sehen. Leider konnte ich mir keine Abbildung der Kirche verschaffen, obwohl es deren gibt, und ich selbst einmal eine besaß, und sie mir abhanden kam.

Von der Ecke der alten Gewehrfabrik (nun Polizeikaserne[78]) geht die Fahrstraße gegen das Schottenthor, auf dieser ist jetzt das Doppelgeleise der Pferdeeisenbahn[79] nach Dornbach

Abb. 113: Blick auf die Gewehrfabrik in der Währinger Straße, heute steht an dieser Stelle das Anatomische Institut, um 1878

77 1856–1879 nach Plänen von Heinrich Ferstel erbaut

78 Währinger Straße 11–13/ Schwarzspanierstraße 17. Die Gewehrfabrik war 1852 in das neugebaute Arsenal übersiedelt, das Gebäude diente als Quartier der Militärpolizeiwache. Der Neubau von 1886 beherbergte das Anatomische Institut, 1945 durch Bomben weitgehend zerstört, Neubau 1950/51

79 Am 4. Oktober 1865 war die erste Pferdeeisenbahn Wiens auf der Strecke Schottentor – Hernals eröffnet worden, wegen der großen Beliebtheit wurde sie am 24. April 1866 bis Dornbach verlängert

Abb. 115: Eröffnung der ersten Pferdetramway mit der Linie „Dornbach – Schottenring"; im Hintergrund die noch nicht vollendete Votivkirche, Oktober 1865 Xylografie nach Zeichnung von Vinzenz Katzler

angebracht (Fahrpreiß 10 kr.) beim Schottenthor steht der aus Riegelwänden[80] erbaute Wartesalon, octogone Form, mit einem nicht dazu passenden Schweizerdach, umgeben von einem mit grünen Staketten[81] umgebenen Garten, mit Tischen und Stühlen, erstere mit rothen Kaffehtüchern überdekt, was einen gar nicht schlechten Effekt macht. Die Wagons der Eisenbahn sind äußerst elegant, colossal – ich sah noch nichts Schöneres in diesem genre, im Winter geschlossen, im Sommer offen – von Eisen, welches das Zuker- oder Bambusrohr nachahmt, mit leichtem Schutzdach gg. die Sonne versehen. Vis à vis diesem Wartsalon, steht eine Trinkhalle von Holz, wo im Sommer moußirende Getränke verkauft werden. Im Winter sind diese Hallen geschlossen. Dergleichen Anstalten gibt es überall, wo die Passage frequent ist, namentlich bei allen Stadtausgängen und öffentlichen Spaziergängen, in den 2 Stadtparks an der Donau und Landstraße.[82] Die Gesellschaft der Bahn, an deren Spitze Prinz Rohan[83] steht, hat um die Concession eines ganzen Bahnnetzes für Wien, angesucht, ich weiß aber dessen Resultat nicht.

Abb. 114: Votivkirche mit Wartehäuschen der Pferdetramway im Vordergrund, vermutlich 1879 Wilhelm Burger

80 Holzwände bestehend aus einem Rahmen, senkrechten Pfosten und schrägen Streben, in der Regel zum Schutz gegen Bodenfeuchte auf einem gemauerten Sockel errichtet

81 Staketen: kleine senkrechte Säulen, als Einfassung dienend

82 Mit dem „Stadtpark" an der Donau ist wohl die weiter unten genannte Parkanlage am Franz-Josefs-Kai gemeint

83 Hier irrt Friedrich Schindler. Arthur Prinz Rohan war Präsident der „Central-Omnibusgesellschaft", die bereits 1864 um eine Konzession zum Betrieb der Wiener Omnibuslinien ansuchte (siehe Local-Anzeiger der „Presse", 1. Dezember 1864, „Vaterland", 6. April 1865 und „Fremdenblatt", 8. April 1866)

Abb. 117: Ansicht des alten Abgeordnetenhauses und des neu trassierten Schottenrings, um 1865

[6]

An der unteren schmalen Seite des Paradeplatzes, gegen das Schottenthor zu, zieht sich eine 3fache Allée längs dem Reitsteige hin, die mittere besteht aus 2 Reihen jener Bäume des bestandenen Josefstädter Glacis, welche die lange Allée von der Kaiserstraße[84] bis zum Burgthor bildete, und einzeln mit Erdklumpen mittelst Maschine ausgehoben, und von 12 Pferden gezogen, weggeführt wurden.[85] Jeder solche Baumtransport soll 50 f. gekostet haben. Diese Allée ist auch mit 4 Reihen Gaskandelabern erleuchtet.

Nun habe ich das Alte, Ihnen meistens bekannte geschildert, jetzt beginnen die Neuerungen, die Sie gewiß interessiren und überraschen werden, schenken Sie mir nur Geduld beim Lesen!

Zwischen dem Schottenthore und der Währinger-Gasse rechts steht das Abgeordnetenhaus,[86] ein einfacher Bau aus Riegelwänden, in der Mitte ein Portal mit einer Emportreppe und 5 Eingangsthoren, das Mittelgebäude ist ein Stockwerk hoch, mit niederem Dache, da ist der innwendig runde Sitzungssaal, mit amphitheatralisch emporsteigenden Sitzen, unten im Centrum der Präsidententisch mit den Ministersitzen und den Pulten der Stenografen, vis à vis davor die Kaiserloge, prachtvoll mit kirschrothem Sammt und Goldfranzen drappiert, rechts und links Galerien fürs Publikum; Die zwei Seitenflügel des Gebäudes sind ebenerdig, endigen auf beiden

Abb. 116: Sitzungssaal des alten Abgeordnetenhaues während einer Session, 1862
Lithografie von Ludwig Czerny

84 Bereits 1862 in Josefstädter Straße umbenannt

85 Umpflanzung von altem Baumbestand (auch Stadtpark), vgl. Wiener Kommunalkalender 1863, S. 251

86 Währinger Straße 2–4/Kolingasse 2/Maria-Theresien-Straße 1: provisorischer Holzbau, erbaut 1861, abgerissen 1884

RG J. RIEGER
Fahrräder
RUNDBAKIN
Nähmaschinen
Berggasse 3.
K K
Tabak
Trafik
Zeitungen
LOSE
M. RUNDBAKIN.
Diensl
Vermittlung

Seiten in kleine Vorsprünge mit spitzen Giebeldach, und enthalten Letztere die Bureaux für die Minister, und die übrigen Gemächer sind als Besprechungslokale für die Abgeordneten, dann zum Buffet etc. etc. verwendet. Das Ganze ist mit freundlichen Parkanlagen umgeben, mit Steinbänken versehen, und das Gebäude ist seit einem Jahr ganz geschlossen, und erwartet bessere Zeiten.[87]

Im Anfange der Währingergasse, wo einst am sogenannten Ochsenberge[88] die Holzgestätten sich befanden,[89] steht jetzt eine Doppelreihe von herrschaftlichen Pallästen, von Oben angefangen, bis hinab zu jener Straße, welche links zum Liechtensteingarten führt, und deren Namen mir nicht bekannt ist.[90]

Die Häuser sind wie alle Neubauten riesengroß und prachtvoll, mit Säulen, Figuren, Balkons und Vasen geziert, und sind dos à dos[91] gebaut, ich weiß nicht ob ich mich gut ausdrücke, zwei Häuser die sich rückwärts an einander lehnen, und so geht es den ganzen Berg hinab, Haus an Haus; vor diesen Häusern ist ein breites Trottoir, dann Fahrstraße, und an dieser rechts ist der ganze Berg in eine Parkanlage umge-

Abb. 118: Berggasse, 1901
August Stauda

87 Mit der Sistierung des Februarpatents im September 1865 war das Abgeordnetenhaus funktionslos geworden

88 Der Anfang der Währinger Straße liegt auf einer erhöhten, zum Donaukanal hin abfallenden Geländestufe, früher neben zahlreichen Namensvarianten auch Schottenbühel oder Ochsenberg genannt. Die Berggasse (ab 1862) gibt topografisch und namentlich davon heute noch Zeugnis

89 Auf diesen Glacisgründen wurde in großen Mengen Bau- und Brennholz gelagert, bis das Areal im Jahr 1853 zu Bauland umgewidmet wurde

90 Unterer Teil der Porzellangasse

91 Rücken an Rücken

wandelt, mit Springrunnen, Blumenbeten, Bäumen und Gebüschen, und mit Gartensofa's versehen. Hier wird jetzt ganz unten die große Cavallerie- und Infanterie-Kaserne[92] gebaut, welche kaum aus den Grundfesten emporgestiegen, nun auch bessere Zeiten zum Fortbau erwartet. Dieses Gebäude wird einst riesige Dimensionen annehmen, denn es fängt am Fuße des Berges an, und zieht sich bis an die Donau zur ehemaligen Augartenbrüke[93] bei der Neugasse[94] herab.

Links von dieser Kaserne ist auf einem etwas erhöhten Terrain der neue Tandelmarkt,[95] dessen Abbildung ich Ihnen hier beilege, welche aber leider nur einen unvollständigen

Abb. 120: Der alte und der neue Tandelmarkt in Wien Xylografie nach Zeichnung von Vinzenz Katzler In: Ueber Land und Meer, Dezember 1864 Im Originalmanuskript enthalten

Abb. 119: Rossauer Kaserne, 1895

92 Rossauer Kaserne, erbaut 1865–1869 als Defensivkaserne

93 Die Eröffnung der hier noch im Bau befindlichen Interimsbrücke („Nothbrücke") erfolgte 1867; die Eröffnung der neuen Augartenbrücke fand 1873 statt

94 Ab 1862 Untere Augartenstraße

95 Berggasse 34, errichtet von der Gesellschaft der Hallentrödler, eröffnet am 20. Oktober 1864. Nach einem 1944 erlittenen schweren Bombenschaden abgerissen. Im Neubau von 1957 befand sich bis 2003 die Pensionsversicherungsanstalt der Arbeiter

Begriff dieses grandiosen Baus gibt. Die Ansicht ist von der Donauseite aufgenommen, also von rückwärts, wo das Ganze nach meiner Meinung sehr verliert; Rechts sehen Sie die Baugerüste der noch unfertigen Votivkirche über das Haus des Marktes hervorragen, links im Hintergrund den Vater Stefan[96] und einen Theil der Carlskuppel. Es ist merkwürdig diese Verkaufshallen von innen zu sehen, diese Unzahl sich kreuzender Gänge, Läden, Absperrgitter und dergl. dazu gehört eine andere Feder als die Meinige, die ohnehin Ihre Geduld zu sehr in Anspruch nimmt, ich klopfe reumüthig an meine Brust, und bitte um Nachsicht, der Wille ist gut, aber – ultra posse nemo tenetur.[97]

[7]

Und nun folgen Sie mir wieder zum Schottenthor, von wo aus wir unsere Promenade weiter fortsetzen wollen. Wenn man aus der Stadt zum Thore (figürlich) heraustritt, so stößt man ungefähr 50 Schritte von der Stelle, wo das Thor sich befand, auf eine Gruppe von 6 Häusern, genannt die Etzelt'sche Häusergruppe,[98] die alle dem Baumeister Etzelt[99] gehören. Es sind dieß Prachtgebäude, 3 und 3 dos à dos gebaut, und alle zusammen ein langes Quadrat bildend, 4 Stokwerke hoch, élégant von außen und innen, mit imposanten Stiegenhäusern, die Treppen frei bis zum 4. Stok von unten aus zu sehen, mit bronze Geländern und Gaslampen verziert. Unten sind Gewölbe, Buchhandlung[100] und auch eine Leihbibliothek[101], ein öffentliches Aukzionslokal und dgl. mehr. An diesen Häusern zieht sich rechts hinab gegen die Augartenbrüke die Ringstraße, mit Gehalléen eingefaßt und mit Bäumen bepflanzt. Die Gegend heißt hier „der Schottenring". Weiter rechts hinüber ist die Ringstraße von einer Fahrstraße durchschnitten die aus der Stadt (Wipplingerstraße) durch das jetzt demolirte Thor des kk. Militär-Zeughauses[102] nach der Türkenstraße in die Rossau führt. Hier sieht es noch etwas wüst und öde aus, der Stadtgraben ist vis à vis des unteren Arsénals[103] noch nicht ausgefüllt, es befindet sich daselbst die Armée-Feldbekerei,

Abb. 121: Kreuzung Schottengasse/Währinger Straße mit den ursprünglichen Ringstraßenhäusern anstelle des heutigen Bankgebäudes, 1865

96 Stephansdom

97 Etwa: Niemand kann dazu angehalten werden, über seine Möglichkeiten hinauszugehen

98 Schottenring 2-6, erbaut 1861–1863 war die Häusergruppe der erste Ringstraßenbau, der wieder abgerissen wurde. An der Stelle wurde 1909–1912 das Gebäude der ehemaligen Direktion der Creditanstalt errichtet

99 Richtig: Anton Oelzelt von Newin (1817–1875), Wiener Baumeister

100 Karl Czermak, Antiquariat und Lesezimmer

101 Theodor Dirnböck, Leihbibliothek

102 Renngasse 5–9, in den 1860er-Jahren demoliert

103 Entstand 1558–61 zugleich mit Elendbastei/Neutor, 1768 aufgelassen, diente danach der Militärverpflegung

Abb. 123: Blick auf den Karlskettensteg am Donaukanal Ölbild von Jakob Alt

Abb. 122: Blick auf die Augartenbrücke und die dahinterliegende Rossauer Kaserne, um 1874 Wilhelm Burger

die für die Süd- und Nord-Armée[104] diesen Sommer das Brot fabrizirte, und der Platz herum täglich mit hunderten von Lohnfuhrwerken besetzt war.

Jetzt folgen Sie mir weiter an die Augartenbrüke, die alte ist abgebrochen, und die neue ist einige Klafter nach rechts vorgeschoben worden, ganz in dem alten Holzbalkenstyl erbaut, es heißt ad interim, einst soll sie durch eine Steinbrüke ersetzt werden. Von dieser Brüke vor bis zur Kettenbrüke[105] am Schanzl[106] zieht sich eine Parkanlage, schmal zwar, aber recht reizend, mit allem Comfort versehen.

104 Die Südarmee war 1866 im Italienischen Unabhängigkeitskrieg v.a. in der Schlacht bei Custozza eingesetzt, die Nordarmee kämpfte im sogenannten Deutschen Krieg in der Schlacht bei Königgrätz gegen Preußen

105 Karlskettensteg über den Donaukanal, 1884–86 als Stephaniebrücke neu erbaut und 1919 in Salztorbrücke umbenannt, 1945 zerstört, Neubau 1960/61

106 Name der Uferstrecke am Donaukanal zwischen Augartenbrücke und Rotenturmstraße

Abb. 124: „Der Franz-Josephs-Kai in Wien“
Xylografie nach Zeichnung von Vinzenz Katzler
In: Ueber Land und Meer, Juni 1865
Im Originalmanuskript enthalten

Hier lege ich wieder ein Bild bei, und nun folgt dessen Beschreibung. Rechts ganz im Hintergrund sehen Sie die Häuserzeile, welcher ich erwähnte, als ich von der Währingergasse sprach, wo dieselben anfangen, und bis zur Rossau hinablaufen, ganz rükwärts ragen darüber die 2 Thürme der Rossauer Kirche[107] hervor. Gegen unten sehen Sie den genannten Park angedeutet; Es sind daselbst Kaffepavillons, Zelte, Limonadehütten, Banke, Gaslaternen, Blumenbeete, Grasplätze en miniature, etc. etc. Die ober der Kettenbrücke hervorsehenden Häuser sind nicht die einzigen, dieselben fangen (hier unsichtbar) schon genau

107 Servitenkirche, Servitengasse 9

Abb. 125: Kaserne am Salzgries, um 1850

Abb. 126: Rudolfsplatz, um 1900
Postkartenverlag Ledermann

[8]

an jenem Punkte an, wo einst das ominöse Haus des Wiener Scharfrichters[108] am neuen Thore stand, welche sich dann weiter hinab gegen die Donau ziehen, und so die an der Zeichnung sichtbare Eke bilden. Hinter der Reihe der Häuser, welche die Xilografie[109] zeigt, stehen noch mehrere Reihen Häuser, welche Gässen bilden, und bei der Salzgrießkaserne[110] (von rükwärts) einen Platz („Rudolfsplatz"[111]) bilden, welcher mit Bäumen besetzt, von Sandwegen durchschnitten und mit Bänken versehen ist. der Platz ist in 4 große Grasplätze getheilt, in der Mitte mit großen Blumenhügeln geziert und mit grauen Holzgeländer eingefaßt. Die Häuser alle sind Prachtbauten, mit allen möglichen modernen architektonischen Ornamenten verziert, die Hausthore größer als das Riesenthor der Stefanskirche (Wahrheit) die Schaufenster der Gewölbe aus einer einzigen Glastafel.

108 Das Haus stand auf der Elendbastei

109 Xylografie: Holzschnitt

110 Salzgries 10–16, erbaut 1748, abgerissen 1880

111 Benannt 1862 nach Kronprinz Rudolf

Abb. 128: Franz-Josefs-Kai: Blick entlang des Müller'schen Gebäudes zu dem im Bau befindlichen Treumann-Theater, um 1860

So sieht es jetzt da aus, wo einst das Haus des Freimannes[112] und das Stabs-Stokhaus[113] standen! Und nun wieder zum Bilde zurük. Da ist ein Haus an der Eke einer Straße, welches Ihnen entgehen dürfte, wenn ich Sie nicht darauf aufmerksam machte. Ich habe oberhalb 2 Querstriche gemacht, um es leichter herauszufinden. Es ist dieß ein Haus ganz im mittelalterlichen Style,[114] wie eine alte Ritterburg gebaut, mit Söllern für das Burgfräulein, einem Erkerthurm, das Thor im Spitzbogenstyl, die Wände grau, die Fenster ohne Verzierung, alles glatt, es macht einen sonderbaren Eindruk, mitten im Modernen, etwas antikes zu erbliken. In der Mitte des Bildes sehen Sie eine jener Trinkhallen, von denen ich früher sprach. Links das altersgraue Polizeihaus![115] – Quel Contraste. Wie gefällt Ihnen das Palais Wikenburg.[116] Da wo die Fischweiber angedeutet sind, stand im Vordergrund Treumann's Quaitheatre[117] welches vor 3 Jahren abbrannte. Die Gegend hier heißt am „Franz-Josefs-Quai".

Abb. 127: Neutorbastei mit dem Militärstabstockhaus, vor 1860

112 Anderer Name für Scharfrichter

113 Militärstabstockhaus, erbaut 1775, demoliert 1860, Militärgefängnis auf der Elendbastei

114 Franz-Josefs-Kai 37, erbaut 1860–1862, erster Wohnbau von Heinrich Ferstel

115 Salzgries 5

116 Palais Wickenburg, erbaut 1862, Gonzagagasse 1/Salzgries 2. Bauherr: Matthias Graf von Wickenburg (1797–1880), Präsident der Stadterweiterungskommission

117 Das Treumann-Theater, am 1. November 1860 eröffnet, brannte in der Nacht vom 8. zum 9. Juni 1863 ab. Das 1871 bis 1873 an der Stelle errichtete Hotel Métropole wurde 1938 zur Gestapo-Leitstelle umfunktioniert und im Zweiten Weltkrieg zerbombt. Heute steht dort der Leopold-Figl-Hof, davor ein Mahnmal für die Opfer der NS-Gewaltherrschaft. Seit 1888 heißt dieser Teil des Franz-Josefs-Kais Morzinplatz

Abb. 130: Franz-Josefs-Kai: Blick entlang des Müller'schen Gebäudes Richtung Franz-Joseph-Kaserne, vor 1865

Jetzt kommen wir zu dem bekannten Müller'schen Gebäude,[118] welches auch eine Metamorphose erlitten hat. Unten, wo sonst der laubenartige Gang[119] war (für Fußgeher), da ist jetzt eine lange Halle, die Rükwand des Ganges wurde durchgebrochen, und das Ganze in ein Kaffehhaus[120] umgestaltet. Aus der im 1. Stok befindlich gewesenen Terasse, wurden Fotografen Ateliers,[121] auch befindet sich in diesem Hause die renomirte jüdische Restauration „Ehrmann".[122]

Und nun beginnen die neuen Prachtbauten Wiens, in ununterbrochener Reihe fort, um die alte Stadt, bis zum Kaisergarten[123] nahe am Burgthor. Ich fühle mich zu schwach, die Aufgabe würdig zu lösen, und kann Ihnen deßhalb kein würdiges Bild aufrollen. Ich werde des vielen Stoffes willen nur flüchtig darüber hinweggehen, sonst würde ich noch lange nicht fertig werden, daher ersetzen Sie durch Geduld und Nachsicht, was meinem Bilde an Vollkommenheit fehlt.

Abb. 129: Blick über die Ringstraße auf den Burggarten und die Rückseite der Hofbibliothek, knapp vor Enthüllung des Prinz-Eugen-Denkmals, 1865

118 Damalige Adresse: Franz-Josefs-Kai 21, rückseitig: Adlergasse 1, Schmalfront: Rotenturmstraße 26; demoliert 1889. Aufgrund schwerer Beschädigungen dieses Areals im Zweiten Weltkrieg verschwand die Adlergasse wie auch die sie über die Rotenturmstraße verlängernde Kohlmessergasse. Das schmale, aber lange Müller'sche Gebäude befand sich etwa in der Höhe von Franz-Josefs-Kai 15–23

119 Die Laubengänge wurden 1860 zugemauert und darin Geschäftslokale errichtet

120 Café Schuster, später das berüchtigte Café Laferl, ein Agententreffpunkt

121 Josef Friedrich Hoffmann und Gustav Wünsch

122 Hier irrt Friedrich Schindler; die Restauration Simon Ehrmann befand sich in der Circusgasse 3 im 2. Bezirk.

123 Burggarten

Abb. 131: Blick auf die Franz-Joseph-Kaserne über die Radetzkybrücke vor Trassierung der Ringstraße, 1861

[9]

Auf dem nebenstehenden Bilde rechts am äußersten Rande sehen Sie die Häuserzeile, die den vorhin beschriebenen schmalen Parkanlagen vis à vis steht, und mit dem gräflich Wikenburg'schen Palais schließt (vide voriges Bild „Franz Josefs Quai"). Oberhalb der Ferdinands Brüke[124] sehen Sie noch das Müller'sche Gebäude, weiter nach links die durch den Fall der Bastionen blos gelegten Gebäude der Stadt. Nun kommen wir zu der neu erbauten „Franz-Josefs-Kaserne"[125] deren Thürme rechts und links von den Pfeilern der neu erbauten „Aspern Brüke"[126] hervorsehen, welche Letztere vis à vis der Kaserne erbaut ist, und über welche der Weg durch eine neu eröffnete Straße in die Jägerzeile[127] führt, welche die „Asparnstraße"[128] heißt, dieselbe besteht aus vielen großen schönen Gebäuden, mit allen möglichen architektonischen Verzierungen, Erker, Balkone, bei den Thoren Riesenkariathiden, Blumen auf allen Balkonen bis unter's Dach, wahrhaft prachtvoll. Am Ek der Straße gegen die Brüke zu sind 2 Hôtels, eines zum „Kronprinzen"[129] das andere weiß ich nicht wie es heißt,[130] beide diese Einkehr-Häuser sind elégant, unten mit Kaffeehäusern versehen, die prachtvoll eingerichtet sind.

Jetzt kehren wir wieder zur Kaserne zurück. Es ist dieß ein Gebäude im rohen Ziegelbau ausgeführt, die Fugen schwarz ausgefüllt z.B. so: es hat vier Ekthürme, oben crenelirt,[131]

124 1909 abgerissen, die neue Brücke heißt ab 1920 Schwedenbrücke

125 Standort zwischen Falkestraße/Dominikanerbastei/Franz-Josefs-Kai und Biberstraße, 1857 als Defensivkaserne errichtet, bereits 1900/1901 wieder abgebrochen

126 Eröffnung am 30. November 1864, 1913 abgetragen

127 Heute Praterstraße

128 Richtig Asperngasse, ab 1909 Aspernbrückengasse

129 Hotel „Kronprinz von Österreich", Asperngasse 4–6

130 „Hotel de l'Europe", Asperngasse 2

131 Mit Zinnen versehen

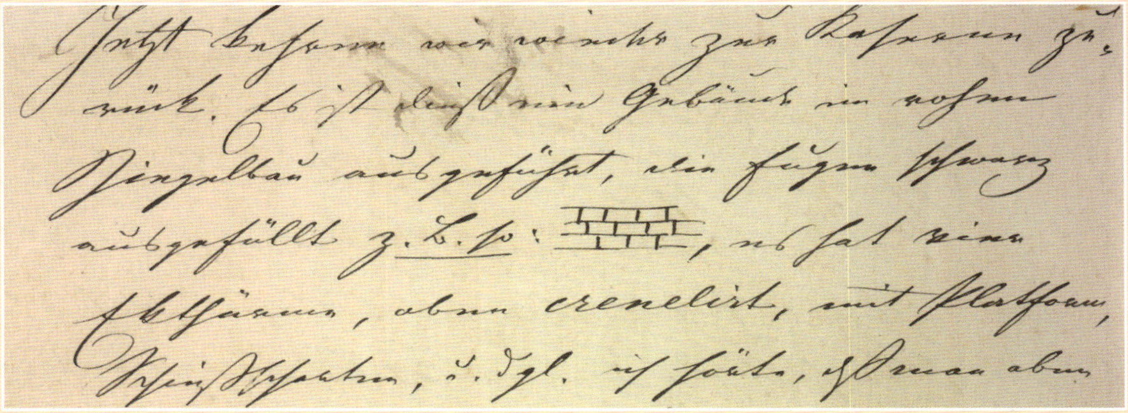

Abb. 132: Skizze aus dem Originalmanuskript

FRANCISCVS·IOSEPHVS·I·AVSTRIAE·IMPERATOR

Abb. 134:
Blick über die Radetzkybrücke gegen die Franz-Joseph-Kaserne, um 1870
Kolorierte Lithografie nach Zeichnung von Rudolf von Alt

mit Platform, Schießscharten, und dgl. Ich hörte, daß man oben Kanonen aufstellen kann, zum Eingangs-Seitenthor führt eine steinerne Emportreppe, flankirt von Piedestals, worauf kolossale Löwen aus Stein stehen, dieß versteht sich vom Müller'schen Gebäude aus gesehen. Nun kömmt die Hauptfront, in deren Mitte das vor etwa 10 – 12 Jahren neu erbaute imposante „Franz Josefs Thor" einbezogen wurde, und so den Haupteingang in die Kaserne bildet. Der Bau ist sehr ausgedehnt, und nimmt den Platz von der Ferdinandsbrücke bis fast zum Stubentor ein. Vor der Kaserne sind 2 eingeschränkte Exercierplätze, das ganze Terrain planirt, und vis à vis präsentirt sich das neue Mauthgebäude[132] in würdiger Weise. Der Wienfluß ist hier mit Bäumen bepflanzt, mit grünem Stakettgitter umgeben, neben der Hauptmauth noch am dießseitigen Donauufer ist die schöne aus Stein erbaute „Radezkibrücke".[133]

Abb. 133:
Franz-Joseph-Tor, um 1874
Wilhelm Burger

132 Hauptzollamt, errichtet 1840–1844, Hintere Zollamtsstraße 4

133 Richtig: Radetzkybrücke, eröffnet am 16. Oktober 1855. Die 1900 an dieser Stelle errichtete Eisenbrücke wurde im Zweiten Weltkrieg schwer beschädigt und 1952 nach Instandsetzung wiedereröffnet

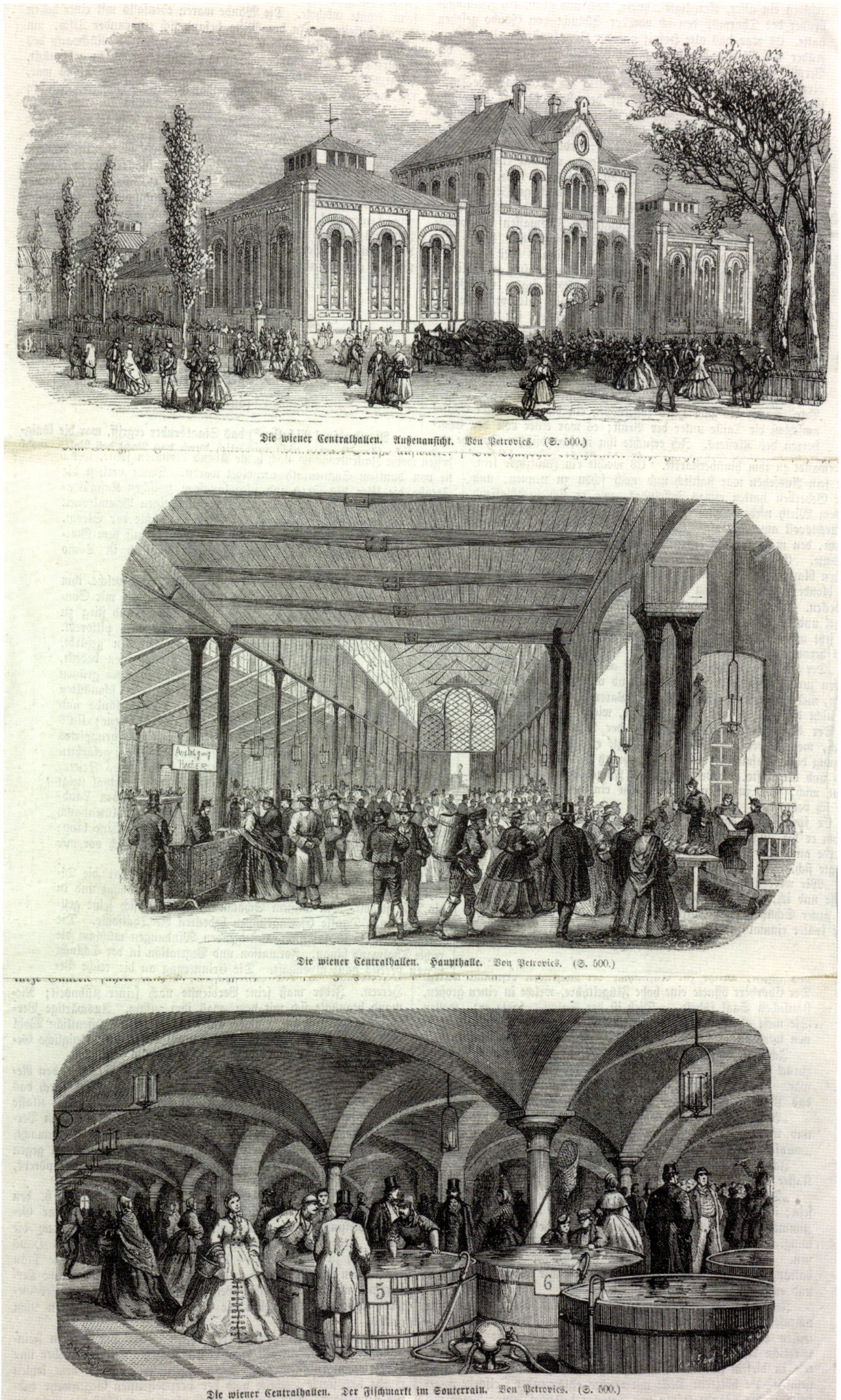

Abb. 135: „Die neuen Centralhallen“
Xylografie nach Zeichnung von
Ladislaus Eugen Petrovits
In: Ueber Land und Meer,
Dezember 1865
Im Originalmanuskript enthalten

Abb. 136: Stadtpark, 1872
Farbdruck nach Aquarell von Franz Alt

Einige 100 Schritte weit vom Stubenthor sind die neuen „Central-Markthallen"[134] erbaut, deren Abbildung Sie auf dem jenseitigen Bilde sehen.

Rechts an die Hallen schließt sich der große „Stadtpark"[135] an, an dessen äußerstem rechten Ende das auf einer Terrasse erbaute Palais „der Cursalon"[136] steht, dessen Abbildung ich

134 Eröffnet am 31. Oktober 1865. 1868 zu einer Großmarkthalle umgestaltet. Heute befindet sich auf dem Gelände das Hilton-Center, Landstraßer Hauptstraße 2

135 Der Stadtpark wurde auf den Gründen des ehemaligen Wasserglacis im englischen Landschaftsstil angelegt und im August 1862 eröffnet

136 Erbaut 1865–1867, eröffnet am 8. Mai 1867

hier beilege. Die Stuccatur-Arbeiten des großen Mittelsallons hat dieser Tage ein Commissär der Feuerassekuranz auf 30,000 fl.[137] abgeschätzt. der Park ist herrlich, links vom Cursalon, à peu près vis à vis dem Münzgebäude[138] steht Wilda's Cafféterie[139] im Schweizerstyle, links davor im Gebüsch die Steinstatue des „Donauweibchens"[140] dann kommt ein Gartenhaus aus Gußeisen, vor welchem ein künstlicher Wasserfall seine Kristallfluthen einem kleinen See zusendet, auf dem See ziehen majestätische Schwäne grandiöse Furchen in das kühle Naß. Blumenbeete wechseln mit englischen Grasplätzen, Gebüsche, Bäume,

[10]

Brücken, Limonadezelte, collossale Blumenkörbe mit Sitzen umgeben, Schweizerhäuschen, welche Wasserpumpwerke bergen, und zum Bespritzen der Rasenplätze bestimmt sind – dazu eine Menschenmenge an schönen Sommerabenden, viel zu groß für diese Räume. Dieß am dießseitigen Ufer der „Wien". Drüben ist der sogenannte Kinderspielgarten, er enthält Bäume, Bänke, Sandboden ohne Gras, als Tummelplatz der künftigen Wiener Génération, dann ein Gartengebäude, wo Milch, Brod, Obst etc. etc. von der frohen Kinderwelt gegen klingendes Silber oder schmutziges Kupfer eingetauscht wird. In den Kinderpark führt eine aus Gusseisen gefertigte Brüke[141] über den Wienfluß, die vier Eken zieren Kindergruppen welche eine Gaslaterne emporhalten. Die Brüke wurde statt der bestandenen hölzernen Brüke in den 50ger Jahren gebaut, und sieht in ihrer braunen Brocatirung recht nett aus.

Abb. 137:
Der Kursalon im Stadtpark
Xylografie nach Zeichnung von Vinzenz Katzler
In: Ueber Land und Meer, April 1865
Im Originalmanuskript enthalten

137 Neue Freie Presse, 3. November 1866, S. 4

138 Am Heumarkt 1

139 Heinrich Wilda betrieb damals zwei Kaffeehäuser in Wien. Das hier genannte stand im Stadtpark, das andere befand sich ganz in der Nähe an der Adresse Am Heumarkt 15

140 Plastik von Hans Gasser, aufgestellt am 30. September 1865, 1945 durch eine moderne Kopie ersetzt

141 Karolinenbrücke, 1857 eröffnet, heute befindet sich an der Stelle der neu gebaute Stadtparksteg

Abb. 138: Gartenbaugebäude am Parkring, um 1865
Im Originalmanuskript enthalten

Diese Gegend heißt der Parkring. Der Stadtpark zieht sich an jener Reihe der Neubauten entlang, die hart am Stubenthore anfangt, und ihren ersten Abschluß mit dem Gebäude der Gartenbaugesellschaft[142] erhält, dessen nothdürftiges Bild Sie hier sehen.

Vor dem Gebäude bis an den Park zieht sich die Ringstraße entlang, von zwei Gehwegen flankirt, diß alles mit Alléén eingesäumt. Im Sommer sind hier Blumen- im Herbste Früchten-Ausstellungen, im Winter wird appetitliches Mädchenfleisch, mitunter auch alte Weiberknochen der Männerwelt – je nach dem – zur Lust oder Ekel – offerirt, en un mot, die Säle[143] dienen als Vereinigungspunkt für gesellige Vereine und Tanzkränzchen.

Das Mittelgebäude faßt den großen Tanz- und Produkzionssaal, die nach rükwärts geschobenen Seitenflügel enthalten die Speisesäle, oben sind fliegende Galerien, unten noch andre kleine Seitengemächer – die Décorirung prachtvoll, Beleuchtung durch imposante bronce-Lustre bis zur Tageshelle gesteigert, en un mot, c'est là le séjour des déesses de la beauté et du plaisir![144] Vor dem Gebäude ist ein Vorgarten, wie Sie sehen durch ein Gitter abgeschlossen, derselbe zieht sich nach rükwärts herum, wo er

142 Parkring 12, erbaut 1863–1869, heute steht an dieser Stelle ein 1963 fertiggestellter Neubau

143 Die sogenannten „Blumensäle" der Gartenbaugesellschaft wurden bereits 1864 eröffnet

144 ... mit einem Wort, hier ist der Aufenthalt der Göttinnen der Schönheit und des Vergnügens!

Abb. 140: Stubentor, vor 1858

[11]

sehr ausgedehnt ist, zur Promenade benützt wird, mit Gartensofas versehen, und ganz im Hintergrunde von einer Restauration geschlossen wird, vor welcher im Sommer Tische sich befinden, wo dem heiligen „Fraße" geopfert wird. Oberhalb ist eine Platteform, mit Asfalt belegt, unter welcher sich die Küchen der Restauration befinden, die Plateform ist sehr erhöht, es führen rechts und links etliche 30 Steinstufen hinauf, von dort gelangt man in den nun angelegten, von einem eleganten Gitter umschlossenen Vorgarten[145] des Coburg'schen Palais,[146] das Sie noch kennen.

Nun kehren wir zum Stubenthore zurück, resp. wo dasselbe stand[147]. Rechts vom Thore ausschreitend beginnt eine lange Häuserreihe, die sich dann ununterbrochen bis fast zum Burgthore hinzieht, und ich unmöglich beschreiben kann, der Stoff würde mich erdrücken!

Abb. 139: Palais Coburg, um 1910

145 Die Parkanlage der Gartenbaugesellschaft verdankt ihr Dasein dem verbrieften Recht der Familie Coburg auf einen freien Ausblick zur Ringstraße, wodurch eine Verbauung unmöglich war

146 Seilerstätte 1–3. Erbaut 1843–1847, der Garten wurde 1864 auf dem Rest der Braunbastei angelegt

147 Das Stubentor wurde 1858 großteils demoliert

Abb. 141: Künstlerhaus, Xylografie nach Zeichnung von Vinzenz Katzler
In: Ueber Land und Meer, September 1865, Im Originalmanuskript enthalten

5. Das Palais des Erzherzogs Wilhelm. Dasselbe wird dem Stadtparke gegenüber aufgeführt, wozu soeben die Grundmauern gelegt werden. Architekt Hansen hat den Plan entworfen und leitet auch die Ausführung, und der Palast verspricht durch den Reichthum der Façade, welche eine vollkommene Marmorverkleidung erhält, sowie durch figuralischen Schmuck und die Pracht der inneren Ausstattung eines der schönsten Bauwerke der Ringstraße zu werden.

Abb. 142: Palais Erzherzog Wilhelm am Parkring, um 1865
Im Originalmanuskript enthalten

Abb. 143: Palais Ludwig Viktor am Schwarzenbergplatz, um 1900

Fast im Anfange dieser Häuser steht das Palais des Erzherzogs Wilhelm,[148] siehe das Bild. Erzherzogs Ludwig Victors Palast[149] kommt erst viel später, zwischen diesen beiden Palästen sind 2-3 fache Häuserreihen, die ich mit Stillschweigen übergehen muß, es würde nie fertig, dazu meine Ungeduld und meine Unfähigkeit hierzu! Hier heißt's am Kolowratring.[150] in dieser Gegend steht auch das Künstlerhaus,[151] ein Vereinigungspunkt für Künstler, zu Unterhaltungs- und Kunstzweken, à la Gartenbaugesellschaft, nur in dem für Kunst einschlagendem Genre.

148 Parkring 8, erbaut 1864–1868 von Theophil Hansen

149 Schwarzenbergplatz 1, erbaut 1863–1869 von Heinrich Ferstel

150 Heute Schubertring

151 Karlsplatz 5, erbaut 1865–1868

meister Schmidt im gothischen Style erbaut.

2. Das akademische Gymnasium. Dieses, vom Oberbaurathe Friedrich Schmitt entworfene, vom Baumeister Hlawka ausgeführte Gebäude ist der erste, glücklich gelöste Versuch unter den Neubauten Wiens, den deutschen (gothischen) Baustyl auch bei Gebäuden zu nicht kirchlichen Zwecken in Anwendung zu bringen. Es ist rein zu Schulzwecken bestimmt und daher nur zwei Stockwerke hoch, und besteht aus einem Ziegel-Rohbau, welcher durch die Fenstergesimse, die Sculpturen an den Giebeln und die in Spitzbogen auslaufenden Thürme verziert wird. Sehr reich ist insbesondere die Verzierung des großen Saales und der Kapelle, welche auch ein stylgemäßes Thürmchen erhält, entworfen. Das Gebäude, welches allerdings einem längst gefühlten Bedürfnisse abhilft und dem Gymnasium eine würdige Unterkunft bietet, soll bereits mit Beginn des nächsten Schuljahres seiner Bestimmung übergeben werden.

4. Musikvereinsgebäude. Der Bau desselben, im Rücken des Würtemberg'schen Palais wird noch dieses Jahr beginnen. Der Plan ist vom Architekten Theophil Hansen entworfen, zu seiner Ausführung sind 300.000 fl. präliminirt. Der Haupttheil des Gebäudes wird der große Concertsaal sein, welcher 230 Quadratklafter mit zwei Logenreihen und einem Gesammtfassungsraum für mehr als 2000 Sitzplätze haben wird. Außerdem ist für einen kleinen Concertsaal auf 600 Personen, Foyers, Versammlungsräume für Künstler, Garderoben Localitäten für Sammlungen und Kanzleien, 12 Schulzimmer und Directionslocalitäten vorgedacht; rings um das ebenerdige Geschoß werden Verkaufslokale angebracht. Der große Concertsaal wird die Mitte des Hauses in der ganzen Tiefe und durch alle Stockwerke einnehmen; man gelangt gerade vom Vestibule zum Parterre, und durch breite Corridore zu den Logen. Hierdurch wird der Mitteltract dreistöckig, die beiden Seitentracte bleiben zweistöckig, durch vertiefte Bogenfenster, einen breiten Fries, Arkaden mit Halbsäulen und eine Gallerie um das Dach, wird das Aeußere des Hauses belebt werden, über dessen weiteren statuarischen Schmuck noch die Verhandlungen schweben.

Abb. 144: Das akademische Gymnasium, um 1865
Musikvereinsgebäude, um 1865
Im Originalmanuskript enthalten

[12]

Nebenstehende Bauten schmücken auch diese Gegend, mir war leid Ihnen nicht das Bild der neuen Handelsschule[152] mittheilen zu können, das ist ein wahrer Prachtbau mit Säulenwerk, Statuen und dgl. geziert. Ehe ich mich zum weiteren Gange nach links wende, berühre ich kurz die Gegend vis à vis, um die Karlskirche herum.

Die Karlskirche ist gerade in der Général-Restauration[153] von Außen begriffen, vor dem politechnischen Institute[154] ist ein Park mit dem Monumente des Ressl,[155] Erfinder der archimedischen Schraube an Schiffen. Gleich daneben rechts, wo der Gebäude Winkel war, den das Politechnikum mit den Ekhäusern der Wiedner Hauptstraße bildete, ist die neue evangelische Lehranstalt[156] hineingebaut worden, ein Bau aus lichtroth gefärbten Ziegeln, die Fugen weiß, ein Prachtbau, mit Statuen, Säulen, Emporstufen et. et. Aber

152 Handelsakademie, Akademiestraße 12, erbaut 1860–1862

153 Umfangreiche Restaurierungsarbeiten 1865–1867

154 Heute Technische Universität

155 Denkmal für Josef Ressel von Anton Dominik Fernkorn, Einweihung am 18. Jänner 1863

156 Evangelische Schule, Karlsplatz 14, erbaut 1860–1862

Abb. 145: Evangelische Schule am Karlsplatz, um 1860

Abb. 146: Handelsakademie, Front Akademiestraße, 1870, Wilhelm Burger

Abb. 147: „Die neuen Ring-Straßen Wiens, Der Krolowrat- und Parkring."
Xylografie nach Zeichnung von Vinzenz Katzler
In: Ueber Land und Meer, Mai 1865
Im Originalmanuskript enthalten

Park-Ring.

die Bewohner des alten Häuserwinkels bedanken sich, denn ihnen ist von dieser „Wand“ Luft, Licht und Aussicht genommen.

Das nebenstehende obere Bild zeigt Ihnen einen Theil des Park- und Kolowratringes, rechts sehen Sie die Gartenbaugesellschaft, das Bild spricht für sich selbst, und braucht keiner weiteren Beschreibung, nur bleibt mir noch zu erwähnen, daß sich eines durch das andre ergänzt, wie die von mir darauf

Abb. 148: „Das neue k.k. Hofopernhaus in Wien."
Xylografie nach Zeichnung von Vinzenz Katzler
In: Ueber Land und Meer, März 1865
Im Originalmanuskript enthalten

geschriebenen Worte „Heinrichshof"[157] Ihnen besser und deutlicher erklären, vous me comprendrez bien[158] wie ich es meine?

Das untere Bild zeigt Ihnen Wiens Prachtjuwel – recte Brillant par éxellence des Schönen, Großartigen, Prachtvollen und Eleganten in jeder Beziehung (ich übertreibe nicht), das Bild gibt nur eine schwache Idee, so quasi nur die Lage und sonst nichts, Bild und Wirklichkeit verhalten sich beiläufig so zu einander, wie neblichte feuchte Nacht, zum strahlenden wonnigen blauen Frühlingstage, wo Blumen und Bäume duften, und Gottes Sonne alles in ihr Strahlenmeer hüllt, daß des Menschen Brust aufjauchze vor Lust und Wonne. Die Wandverzierungen manigfach abwechselnd, die Kaufläden feenhaft, die Schaufenster klafterhoch und breit aus einem Glas, und was dahintersteht, diese Raffinerie des Sinnenreizens – sehen Sie sich dort ein einfaches Greißlergewölb an, dieses Riesenportal am Eingange, das Obst, der Käse, die Würste im malerischen Einklange zu einander geschlichtet, es nützt nichts, Sie müßen hinein, und gleich viel in was immer hineinbeißen, und wärs auch nur, um mit den éléganten und pfiffigen Ladenmamsels ein Techtel Mechtel in optima forma zu beginnen, genug – Sie müssen was dran setzen, und – darum fliehe ich auch diese Gegend wie die Pest, weil ich meine Rakettennatur kenne! Mädels gibt's da in allen Läden – Friseurs haben da keine solche Zierbengels von Gehilfen, zarte Damenhände wühlen Ihnen da in den Haaren, daß es Ihnen glühend heiß bis in die Fußspitzen fährt! – So weit hätten wir's mit dem Comfort in Wien gebracht, dafür sehen auch die Männer hier wie „g'spibenes Gerstel" aus.

[13]

Wir sind also auf dem Kärntnerring[159] angelangt, wo das neue Hofopertheater[160] steht, dessen Bild für sich selbst spricht und einen Provinzler in sprachloses Staunen versetzt, vor dem sich das Bild des Kärntnerrings zum erstenmale entrollt.

157 Richtig „Heinrichhof", Opernring 1–5. 1861–1863 im Auftrag des Industriellen Heinrich Drasche als Nobelzinshaus erbaut. Im Zweiten Weltkrieg schwer beschädigt und schließlich abgetragen, heute befindet sich an der Stelle der 1956 errichtete Opernringhof

158 Verstehen Sie mich gut…

159 Die hier besprochenen Gebäude befinden sich allesamt auf dem Opernring, der Kärntner Ring wird nicht beschritten

160 Staatsoper, erbaut 1861–1869 von den Architekten Siccardsburg und van der Nüll

Abb. 149: Heinrichhof am Opernring, nach 1863

Dem Theater gegenüber ist der "Heinrichshof", ein kolossales Gebäude, von Außen prächtig ausgeschmükt, auch aus rothen Ziegeln erbaut, oben lauter Gold, das heißt, auf Goldgrund in Medaillons Figuren und Blumenfestons gemalt, unten die Gewölbe feenhaft ausgeschmükt, da befindet sich auch das bekannte „Aukzionsinstitut" von Holl[161] wo Alles zu haben ist à coeur que veux-tu?[162] – Dieser Pallast gehört dem Heinrich Drasche,[163] Sohn des Brünner Tuchhändlers aus der Sattlergasse, und ist auch nach demselben benamset.

Abb. 150: Porträt von Heinrich Drasche Josef Székely

161 Nach Lehmann 1866 befindet sich ein Auktionsinstitut in der Operngasse 2, das hier angesprochene konnte nicht nachgewiesen werden

162 Herz, was willst du mehr?

163 Großindustrieller (1811–1880). Erbe der Ziegelfabrik auf dem Wienerberg. Nach seiner Nobilitierung Heinrich von Drasche-Wartinberg

Abb. 151: Der Brauereibesitzer Anton Dreher, um 1860
Josef Löwy

Auf dem Opern-Ringe sind so wie sonst in all die Häuser prachtvoll, die Gewölbefenster oberhalb mit Gittern versehen, die ganz vergoldet sind, so z.B.: der obere gegitterte Theil ist Gold. Auch mehrere Balcons sind ganz vergoldet. Auch gibt es da zwei Hausthore, eines aus grünem, eines aus schwarz und weißer Marmor, nicht etwa Stuc. Da befinden sich auch meine Gewölbe von marchands de comestibles[164], deren Auslage sehenswerth ist, nicht zu reden von den Quinqualiers[165], Mode und Porzellän Händlern, die einen wahrhaft fabelhaften Luxus entfalten. Dieser Tage stand ich vor so einem Porzellän Schaufenster, und betrachtete mir die hinter demselben befindlichen Gegenstände, deren Gebrauch ich mir aber nicht erklären konnte. Ein Lavoir erkennen Sie nicht mehr, und denken sich, das müßte etwa eine Dessert Schüssel sein, so ist es zierlich gebogen, durchbrochen, vergoldet und bemalt. Die Zeit und der Luxus schreiten voran, ich dachte: „Alter Fritze" du wirst „alt", alles um dich verändert seine Gestalt, du kennst dich nicht mehr aus – es ist Zeit zum „Abmarsch"! Nun! Fiat voluntas tua! Dem ungeachtet aber bis dahin fidel – und allerweil fidel! – Sie kennen ja das Couplet-Lied „Fidelwalzer" vom Volks Sänger Fürst[166] im Prater? –

An den neuen Häusern ist alles kollossal, die Hausthorflügel 2 Klafter hoch, und ½ Klft. breit, das Burgthor erscheint gegen die Neubauten als Zwerg.

Noch muß ich eines Hauses[167] erwähnen, welches links vom neuen Operntheater steht, es macht das Ek einer Straße, und gehört in die Verlaß-Masse nach den bekannten Schwechater Bräumeister Dreher,[168] der auch eine neue Bierhalle auf der Landstraße[169] erbaute. Das Haus ist wundervoll gebaut, die Vestibule reitzend gemalt und die Stiegen imposant mit Marmor und Bronce ausgestattet, das im Erdgeschoße befindliche Kaffehhaus ist über alles Lob erhaben, Confort, élégance, Pracht in Spiegeln und Decorirung, alles vereint, um den verwöhntesten und blasirten Menschen zu befriedigen. Vor dem Hause ist ein Garten improvisirt, durch Zeltdächer vor der Sonne geschützt, das Trottoir ist sehr breit, und gestattet daher

164 Feinkosthändler

165 Eisen- und Haushaltswarenhändler

166 Der Schauspieler, Sänger und Autor Johann Fürst (1825–1882) war der Gründer und Leiter des „Fürst-Theaters" im Wiener Prater, ein Zentrum des klassischen Wiener Volkssängertums. 1865–1866 sowie 1871–1877 war er Direktor des Theaters in der Josefstadt

167 Opernring 8, heute Neubau aus den Jahren 1956/57

168 Anton Dreher sen. (1810–1863), Bierbrauer, entwickelte das Lagerbier und machte die Schwechater Brauerei zu einem führenden Unternehmen der Branche

169 „Drehersaal", Landstraßer Hauptstraße 97–101, erbaut 1859, 1959 in den „Schwechater Saal" umfunktioniert, beherbergt nach Umbau heute das Einkaufszentrum „Galleria"

Der Feiertagscorso auf der Ringstraße.

diesen Schmuk, Marmortischchen mit eisernen Stühlen, Rohrgeflechte nachahmend, sind da angehäuft, und eine Unmaße von Menschen ist da versammelt, ißt glace [170] und trinkt Moka, dabei werden die Passanten gemustert und der Havanadampf ins Gesicht geblasen. Sie müßen wißen, daß die ehemalige Bastei-Mittagspromenade sich jetzt auf die Ringstraße verpflanzt hat, mit dem Unterschied, daß dieselbe nun nicht von 12 bis 1 Uhr, sondern den ganzen Tag fortdauert.[171]

[14]

In diesem Hause gelangt man von der Seitengasse in ein Vestibul, geschmakvoll gemalt, mit einer 3 mal abgetheilten Treppe welche nach den Souterains führt, und mit einem Bronce-Geländer versehen ist. Im Winter ist die Treppe mit Teppichen belegt, in den Eken stehen Blumenpiramiden. In den Souterains welche im 4 Ek um die Grundfesten des Hauses gehen, wird Wein, Bier, warme und kalte Küche servirt, zu

Abb. 153: „Dreher's Bierhalle", um 1865
Im Originalmanuskript enthalten

Abb. 152: „Der Feiertagscorso auf der Ringstraße." Illustrirtes Wiener Extrablatt, 7. Jänner 1890

170 Eis

171 Ringstraßenkorso

½ Porzionen, daher ein ungeheurer Zulauf. das Curiosum dabei ist, die originelle Construction des Baus, nämlich so:

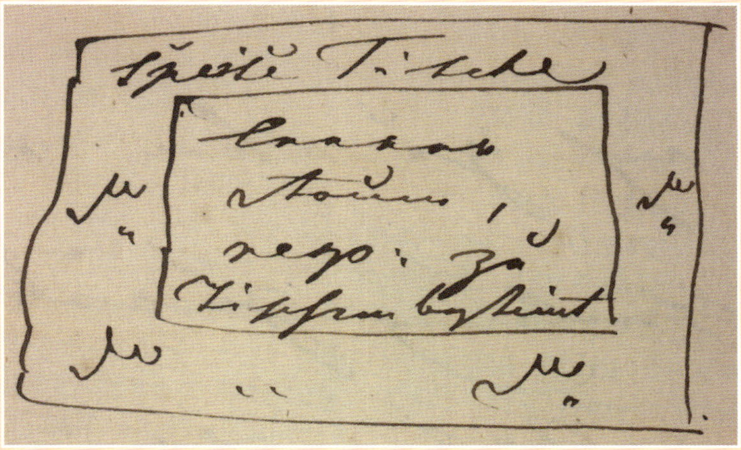

Abb. 155: Tischanordnung in Drehers Bierhalle Handzeichnung des Autors mit Beschriftung: „Speise Tische Leerer Raum resp. zu Tischen bestimt" Im Originalmanuskript enthalten

Ich weiß nicht ob ich mich verständlich mache, ich meine durch den leeren Raum einen Platz zu bezeichnen, z.B. ich trete in ein Haus, dessen Hof im Quadrat gebaut ist, da sehe ich also in alle 4 Stockwerke des Hofes hinauf, und deren Bewohner sehen auch in den Hofraum hinab, so ist es hier.

Aus den Speiselokalen des Souterains trete ich durch Thüren hinaus in eine Art großen Hofraum, der mit Tischen besetzt ist, in den Eken Blumen- und Tuja-Piramiden und sonstige passende Ornamente, dieß heißt hier „der Garten" man sieht die Fenster aller Stokwerke, und die Bewohner sehen die Gäste essen etc. etc. das Ganze ist recht hübsch, und immer im Sommer mit Menschen gefüllt, aber ich denke als Bewohner eines der Stokwerke, das muß eine „ruhige" Wohnung sein. Indeß es ist so!

Nun kehre ich zu dem vorigen Bilde unten II. Abtheilung zurük. Links das Palais des E.Herzogs Albrecht[172], mit den sonderbaren Giebeln auf dem Dache, man sagte, dieselben seyen zum Wegnehmen, und man könne oben Kanonen aufführen, dieß glaube ich aber nicht. Daneben ist das Ekhaus des Ritters v. Scheu,[173] der Volkswitz nannte es gleich „Scheißhaus".[174] Im dritten Hause davon, resp. 2. befindet sich das

Abb. 154: Palais Schey am Opernring, um 1874 Wilhelm Burger

172 Vgl. Anm. 29

173 Friedrich Freiherr Schey von Koromla (1815–1881), Bankier, Großunternehmer, Mäzen, Gründer der Wiener Handelsakademie

174 Goethegasse 3/Opernring 10. Erbaut 1863/64 von den Architekten Romano und Schwendenwein, war es einer der prächtigsten Privatbauten seiner Zeit. Die Baukosten betrugen 633 Gulden pro Quadratklafter verbauter Fläche, der Durchschnittsaufwand lag bei etwa 220 Gulden

Abb. 157: Blick auf die Schwarzenbergbrücke mit der Kuppel der Karlskirche, um 1890

Justiz Ministerium. Glauben Sie ja nicht daß die Häuser vis à vis von den eben genanten Bauten die einzigen sind, welche in der Reihe mit dem Heinrichshofe stehen (Letzterer soll 4 Millionen kosten) - da stehen Reihen an Reihen bis zum Wasser der Wien, resp. deren neuen Brüke[175], die aus Stein erbaut, sehr breit, und mit steinernem durchgemeißeltem Geländer versehen ist.

Weiter nach links hinunter, beiläufig in der Gegend die zur Heumarktkaserne führt, da wo jetzt der Schwarzenbergplatz ist, wurde eine neue Brücke erbaut, welche die „Schwarzenbergbrüke" [176] heißt.

Jetzt bleibt mir noch zu erwähnen, daß auf dem Platze, wo einst beim Eingange in die Kothgasse[177], links das barakenähnliche Gebäude, der „Jesuittenhof"[178] stand, und als Fuhrwesenskaserne benützt wurde, jetzt die Jenie-Central-Direction[179] einen Palast hinstellte, der mit Gärten und Gittern umgeben ist, das Ganze ist recht hübsch und nimmt eine ungeheure Grundfläche ein, die Gärten reichen bis zur 3 Hufeisengasse[180] herab, Sie wissen doch daß dieselbe hinterm Wiedner Theater[181] situirt ist.

[15]

Dann wurde etwa 200 Schritte von Casa piccola's Kaffehaus, in der gewissen Vertiefung, wo die steinerne Säule am Rande des Gehwegs stand, ein 4stökiges Haus gebaut, das noch vereinzelnt dasteht, aber bald Nachfolger bekommen soll, namentlich das Theater der Baronin Pasqualati,[182] die ihr Unwesen jetzt im Harmonie Theater[183] in der Rossau treibt.

Abb. 156: Blick vom rechten Ufer des Wienflusses über die Elisabethbrücke gegen die Kärntner Straße, um 1874 Wilhelm Burger

175 Elisabethbrücke, vgl. Anm. 57

176 Vgl. Anm. 58

177 Heute unterster Teil der Gumpendorfer Straße

178 Getreidemarkt 9, Gebäude aus dem 15. Jh., 1776 dem Hofkriegsrat zugewiesen, 1862–1865 zum Gebäude der Geniedirektion umgebaut

179 Richtig Geniedirektion. Früher wurde die Gesamtheit aller mit der Befestigungskunst in Zusammenhang stehenden Einrichtungen unter dem Namen „Geniewesen" zusammengefasst

180 Dreihufeisengasse, 1948 in Lehargasse umbenannt

181 Theater an der Wien

182 Amalia Freifrau von Pasqualati und Osterberg (1818–1903), Schauspielerin und Direktorin eines Dilettantentheaters, 1866/67 Leiterin des Harmonietheaters

183 Wasagasse 33, erbaut 1864/65, eröffnet am 20. Jänner 1866. Nach einer Umgestaltung 1868 wiedereröffnet unter dem Namen „Orpheum", infolge der Übernahme durch Eduard Danzer 1872 „Danzer's Orpheum", ab 1908 „Neue Wiener Bühne", 1928 geschlossen

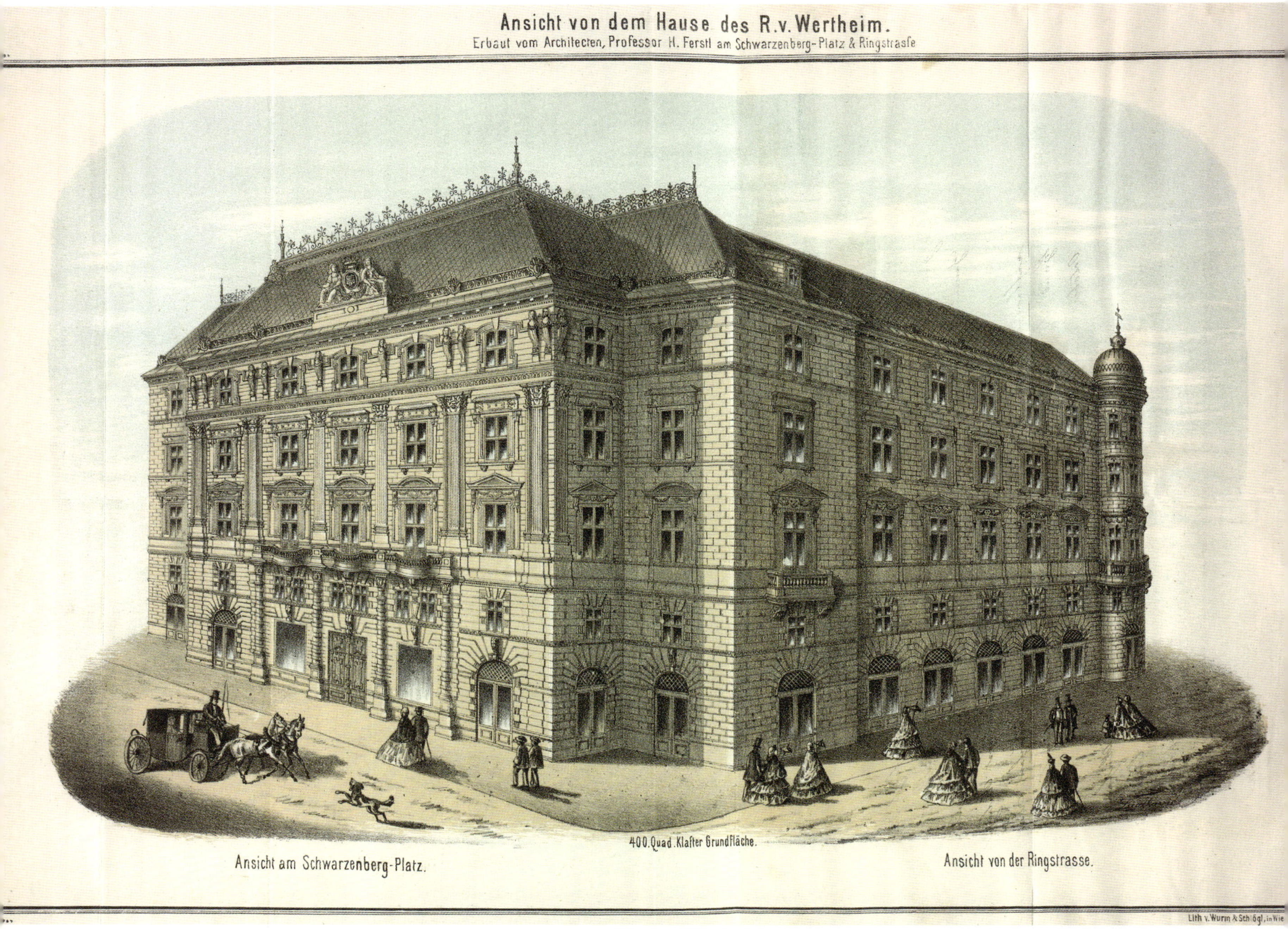

Abb. 158: Palais Wertheim am Schwarzenbergplatz, um 1865
Im Originalmanuskript enthalten

So eben erhalte ich noch ein Bild, welches ein Haus[184] darstellt, welches am Schwarzenbergplatz steht, und vis-à vis mit dem Palast des Erz-Herzogs Victor macht, von welchem ich eine kleine Abbildung beilegte, die früher vorkommt.

Ich habe hier keinen Raum, und muß Sie schon bitten, umzuwenden, nun – wie gefällt Ihnen der Bau? auf dem Dache können Sie herumspazieren.

Nun bin ich bei Weitem noch nicht fertig, ich habe nur den Rundgang um die Stadt, und das mangelhaft beschrieben, was unterblieb aus Absicht (recte Unfähigkeit), auf was habe ich nicht vergessen? – Jetzt bleiben die zahllosen Veränderungen, Verschönerungen etc. etc. in der Stadt, dann in den Vorstädten!!! Dieß muß ich einer besseren und späteren Zeit überlassen, pour le moment habe, ich fauler Kerl, das meinige gethan, und jetzt thun Sie das Ihrige, und lesen Sie, resp. buchstabiren Sie sich etwas aus der Sauschrift heraus. Ich hoffe wenigstens Ihnen als Wiener, der Sie alle Plätze kennen, wenigstens eine Orientirungs-Idee gegeben zu haben, die Ihnen annähernd ein Bild des heutigen prächtigen, aber durchaus ungemüthlichen Wiens gegeben zu haben. Morgen schreibe ich Ihnen, ob Sie den Wisch, so wie er ist, haben wollen, oder ob Sie noch auf Stadt und Vorstädte warten wollen. (dürfte noch ein wenig lange dauern) Ich bin Mitglied (jetzt Comité Mitglied mit Abzeichen im Knopfloch o! o!) eines geselligen Vereines[185], eines der Ersten, sans badinage[186] oder Aufschneiderei, ich sende Ihnen dessen Druksachen, damit Sie sich da orientiren können. Und da ich wo ich konnte, Bilder beilegte, so füge ich auch nun das Conterfei des Schreibers dieser Zeilen hinzu.[187]

der sich stets nennen wird
Ihr alter unveränderlicher
Freund Friedrich

beendet am 2. Dezbr. 1866 – aber wann angefangen??

184 Palais Wertheim, Schwarzenbergplatz 17/Kärntner Ring 18, erbaut 1864–1868 von Heinrich von Ferstel

185 „Die Naßwalder“

186 … ohne Scherz

187 Carte de visite (5,5x9) fehlt im Manuskript

AutorInnenbiografien

Sándor Békési
Mag. Dr. phil., geboren 1962 in Budapest, Studium der Geschichte, Geografie sowie Wissenschaftstheorie und -forschung in Wien. Absolvent des Projektstudiums „Kultur und Umwelt“ an der Universität Wien und dem interuniversitären Institut für Interdisziplinäre Forschung und Fortbildung (IFF) 1996 bis 98. Seit 2004 Kurator am Wien Museum im Department Stadtentwicklung und Topografie. Forschungsarbeiten und Publikationen zum Thema Stadt-, Umwelt- und Verkehrsgeschichte.

Christian Maryška
Geboren 1960 in Wien, Studium der Geschichte und Germanistik an der Universität Wien, Historiker, Kulturwissenschaftler und Ausstellungskurator. Zahlreiche Publikationen mit Schwerpunkt historisches Grafikdesign und Visual History. 1991 bis 1994 wissenschaftlicher Mitarbeiter des Österreichischen Theatermuseums, seit 1989 an der Österreichischen Nationalbibliothek.

Andreas Nierhaus
Geboren 1978 in Graz; Studium der Kunstgeschichte und Geschichte in Wien; 2004/2005 Assistent am Institut für Kunstgeschichte der Universität Wien; seit 2005 Lehrveranstaltungen an der Universität Wien; 2005 bis 2008 Mitarbeiter der Kommission für Kunstgeschichte der Österreichischen Akademie der Wissenschaften; seit 2008 Kurator der Architektursammlung des Wien Museums.
Forschungen und Publikationen zu Architektur und bildender Kunst im 19. und 20. Jahrhundert; Historismus und Moderne; Medien der Architektur; Architekturzeichnungen.

Ferdinand Opll
Geboren 1950, Dr. phil. Universität Wien 1974, Univ.-Doz. ebd., 1985, Direktor des Wiener Stadt- und Landesarchivs 1989 bis 2010. Autor zahlreicher wissenschaftlicher Werke, darunter: Friedrich Barbarossa (4. Aufl. 2009), (gem. mit Peter Csendes): Wien. Geschichte einer Stadt. Bd. 1–3 (2001–2006) und – jüngst – (gem. mit Martin Scheutz): Der Schlierbach-Plan des Job Hartmann von Enenkel. Ein Plan der Stadt Wien aus dem frühen 17. Jahrhundert (2014).

Peter Payer
Geboren 1962, Historiker und Stadtforscher, Kurator im Technischen Museum Wien. Arbeitet seit Beginn der 1990er-Jahre als Wissenschafter, Publizist und Ausstellungskurator im Schnittbereich von Stadt-, Alltags- und Sinnesgeschichte. Zahlreiche Publikationen, zuletzt: Unterwegs in Wien. Kulturhistorische Streifzüge (2013), Die synchronisierte Stadt. Öffentliche Uhren und Zeitwahrnehmung, Wien 1850 bis heute (2015).
www.stadt-forschung.at

Michaela Pfundner
Geboren 1965 in Amstetten. Studium der Geschichte und Germanistik an der Universität Wien, langjährige Tätigkeit am Bildarchiv des Instituts für Zeitgeschichte, zahlreiche Lehrveranstaltungen an der Universität Wien und der Donau Universität Krems. Seit 2010 stellvertretende Direktorin von Bildarchiv und Grafiksammlung und Leiterin der Abteilung Bilddokumentation der Österreichischen Nationalbibliothek.

Martin Scheutz
Geboren 1967, Historiker am Institut für Geschichte der Universität Wien/Institut für Österreichische Geschichtsforschung, Habilitation 2001, Vorstandsmitglied des Österreichischen Arbeitskreises für Stadtgeschichtsforschung. Forschungen und Publikationen zur Frühen Neuzeit, zum Wiener Hof, zur Stadtgeschichte, Spitalsforschung.
http://homepage.univie.ac.at/martin.scheutz/

Werner Telesko
Studierte Kunstgeschichte in Wien. Zwischen 1988 und 1990 arbeitete er am Österreichischen Historischen Institut in Rom, ab 1990 im Benediktinerstift Göttweig und seit 1993 an der Österreichischen Akademie der Wissenschaften in Wien, dort leitet er seit 2013 als Direktor das Institut für kunst- und musikhistorische Forschungen (IKM). Forschungsschwerpunkte: barocke Ikonographie, österreichische Kunst des 19. Jahrhunderts.

Harald Tersch
Studium der Geschichte, Germanistik sowie Bibliotheks- und Informationswissenschaft in Wien; Forschungsaufenthalte in Göttingen und Rom; Leiter der Fachbereichsbibliothek Geschichtswissenschaften an der Universität Wien; Forschungsschwerpunkte: mittelalterliche Chronistik, frühneuzeitliche Selbstzeugnisse, Personalschriften und Reiseberichte.

Abbildungsverzeichnis

Bildteil

Hofball, 1900, Aquarell von Wilhelm Gause
Pb236197D065

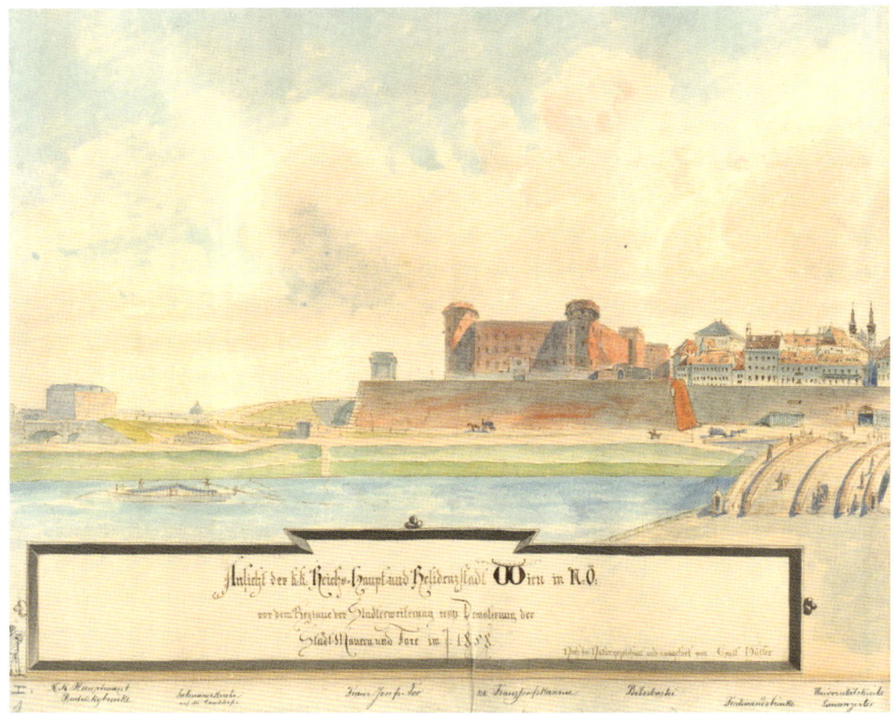

Das Hütter-Panorama
Der Wiener Magistratsbeamte und autodidaktische Maler Emil Hütter (1835-1886) hält in zahlreichen Illustrationen das alte Wien fest und gilt als bedeutender Chronist des Wiener Stadtbildes. Vor allem sein Rundblick auf die Stadt Wien vor dem Fall der Basteien ist in topografischer und stadthistorischer Hinsicht von großem Wert. Das Original des dreizehnteiligen Panoramas befindet sich als Leporello in Bildarchiv und Grafiksammlung der Österreichischen Nationalbibliothek.
Aquarell
Pk 299, 1 – 13

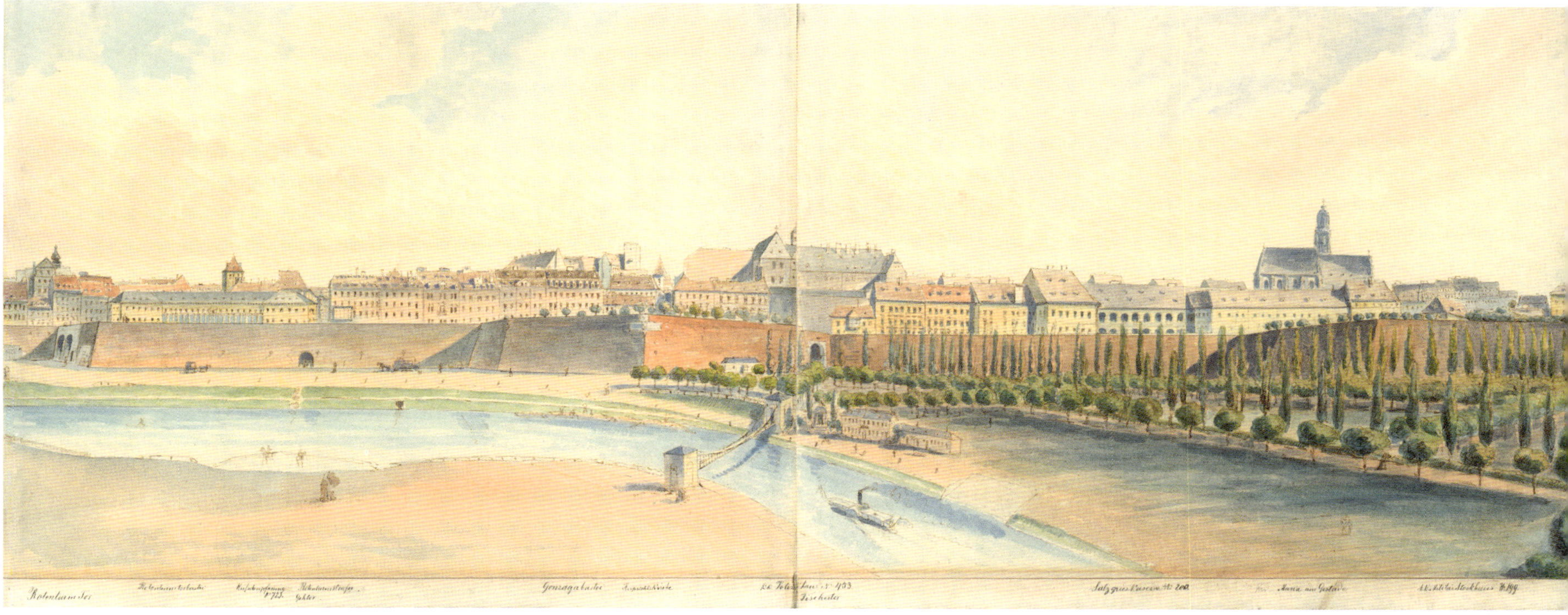

Burgtor
Augustiner Kirche
Altes Kärntner Tor

Stubentor
Franz Josephs Tor

Fischertor innen vor der Schleifung, 1858/1859
Österreichische Staatsdruckerei
Pk 4412, 4

Fischertor außen vor der Schleifung, 1858/1859
Österreichische Staatsdruckerei
Pk 4412, 3

Innere Ansicht des Rotenturmtores, um 1850
Aquarell von Anton Stutzinger
KAR0500095

„D. Rothe Thurm-Thor m. d. ao 1820 abgebrochenen Ravelin", um 1840
Aquarell
KAR0500094

Ausstellung

einiger Stadterweiterungspläne, welche den ersten Preis **nicht** erhalten.

1. Plan.

(Mit Anwendung der neuesten im Wasserbau gemachten Erfahrungen.)

2. Plan.

Motto: Luft, Licht, Raum.

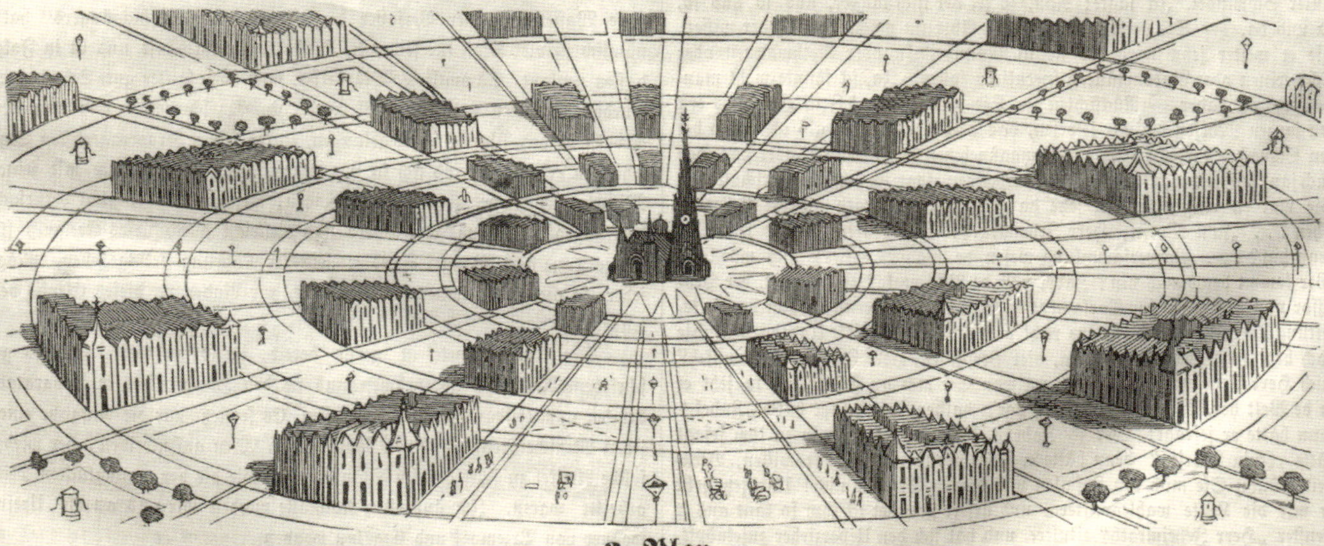

3. Plan.

Motto: Der gerade Weg der beste.

Eigenthümer und verantwortlicher Redakteur: **R. v. Waldheim.** Druck von **J. B. Wallishausser.**
Zeichnungen und Holzschnitte aus **R. v. Waldheim's** xylographischer Anstalt in Wien.

„Das neue Kärntnerthor während des Abbruches", um 1861
Aquarell von Emil Hütter
Pk 299, 40

„Ausstellung einiger Stadterweiterungspläne, welche den ersten Preis nicht erhalten."
Figaro, 30. Oktober 1858

„Auf der Rothenthurmthorbastei."
Figaro, 7. April 1858

Oper bei Erreichen der Dachgleiche, Front Kärntner Straße, um 1865
Pk 3003, 1152

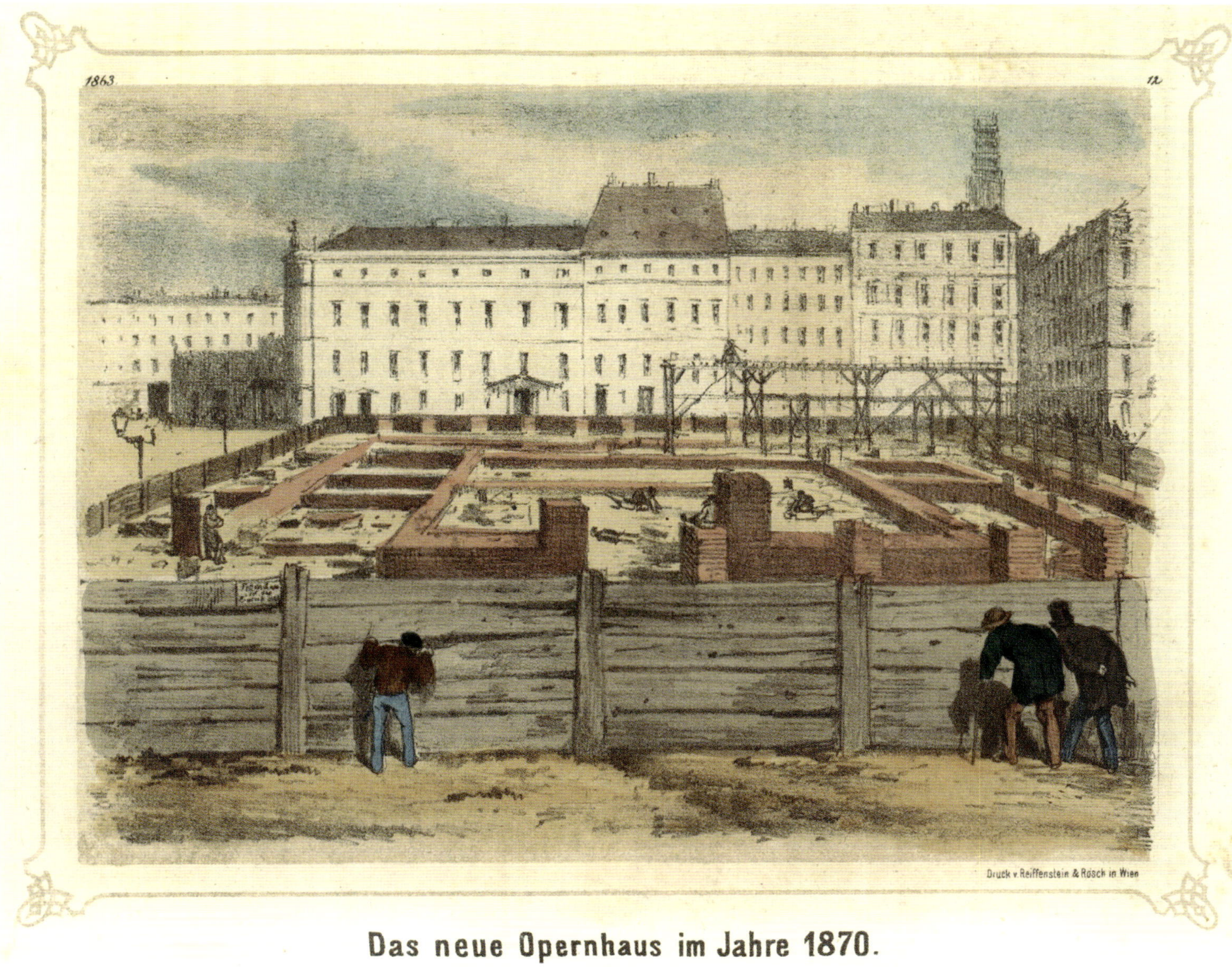

„Das neue Opernhaus im Jahre 1870."
Hans Jörgel 1863

Eduard van der Nüll
Ludwig Angerer
Pf 9099:B(1)

August von Sicardsburg
Anton von Arnreiter
Pf 11625:B(1)

Blick von der Ringstraße
Richtung Kärntner Straße,
links die Oper, um 1890

Bau der Rotunde, Juni 1872
Wiener Photographen-Association
Pk 1823, 2

Rotunde im Prater, vermutlich 1873
Pk 5110, 2

Hotel Imperial am Kärntner Ring,
um 1888
Atelier Jaffé & Albert
Pk 3305, 45

Hotel Metropole am Morzinplatz, um 1874
Wilhelm Burger
WB 109B/C

„Die Gäste sind noch nicht da, die Wirthe machen erst Toilette; doch ist es amusant zu sehen, wie überall geputzt und gefegt, gestrichen, gefirnißt und vergoldet wird.“ (Julius Rodenberg, *Wiener Sommertage*, 1875)

„Wien und die Wiener im Jahre 1873.“
Hans Jörgel 1872

Anlässlich der Silberhochzeit des Kaiserpaares 1879 wird Hans Makart beauftragt, einen Festzug über die Ringstraße auszurichten. Er gilt zu dieser Zeit als bedeutendster Maler der Gründerzeit.
Makart orientiert sich bei der historischen Ausstattung an Bildern Albrecht Dürers für einen Festzug zu Ehren Kaiser Maximilians I.
Mit den TeilnehmerInnen in Renaissancekostüme gekleidet und mit prächtigen Festwägen ausgestattet, wird der Festzug zu einer machtvollen Demonstration des Bürgertums. Der Maler selbst nimmt als Rubens, auf einem Lipizzaner reitend, teil.

Makart-Festzug, „Eisenbahn-Gruppe“, 27. April 1879
Chromolithografie von Eduard Stadlin
Pk 207, 12

Makart-Festzug am Festplatz vor dem Äußeren Burgtor.
Der Hof und Tribünengäste in Erwartung des Festzuges, 1879
Atelier Weingartshofer
Pk 3002, 35

Der Bankier Friedrich Schey von Koromla lebt in einem der schönsten und kostspieligsten Ringstraßenpalais. Er fördert den Bau des Musikvereins sowie das Künstlerhaus.

Friedrich Freiherr von Schey-Koromla
Victor Angerer
Pf 13.068:C(1)

Salon im Palais Schey, um 1880
222.995B

Speisezimmer im Palais Leitenberger am Parkring, um 1880
222.993B

Friedrich Freiherr von Leitenberger
Josef Löwy
Pf 100.365:C(2)

Der böhmische Großindustrielle Friedrich Leitenberger, ein enger Vertrauter von Kronprinz Rudolf, wird zum Mäzen bildender Künstler.

Salon im Palais Leitenberger am Parkring, um 1880
222.992B

Ringtheater am Schottenring, vor 1881
Oscar Kramer
111.741C

Am 8. Dezember 1881 kommt es zur bis dato größten Brandkatastrophe in einem Wiener Theater. Schon vor Vorstellungsbeginn bricht beim Anzünden der Bühnenbeleuchtung ein Brand aus, der auf die Bühnendekoration übergreift und sich explosionsartig in den Zuschauerraum verbreitet. Die Gasbeleuchtung fällt aus, es kommt zu einer Massenpanik; nur ungefähr 500 Personen gelangen ins Freie. Nach offiziellen Angaben fordert der Brand 384 Menschenleben, die meisten dürften erstickt sein.

Brand des Ringtheaters. Blick in den zerstörten Innenraum, 9. Dezember 1881
Pk 2558, 3 und Pk 2558, 4

„Die Quadratur des Zirkels, das Perpetuum mobile und ein idealer Burgtheaterdirektor, das sind drei unlösbare Probleme.“ (Alfred Freiherr von Berger, Burgtheaterdirektor 1910–1912)

Josef Kainz in seiner Wohnung, 1901
Charles Scolik

Katharina Schratt, um 1890
Atelier Adèle

Rollenbildnis der Adele Sandrock, um 1885
Atelier Adèle
Kor 376/3

Adolf von Sonnenthal
Kor 413/33

„Berühmt ist die Wiener medizinische Schule. Sie nimmt unter den medizinischen Fakultäten des In- und Auslandes unstreitig einen hohen Rang ein. Aus ihr sind Gelehrte hervorgegangen, deren Namen unlöslich mit der Wissenschaft der Medizin verknüpft sind, und an ihrer Spitze stehen Koryphäen der ärztlichen Kunst, welche einen Weltruf genießen." (Wiener Cicerone, 1905)

Adolf Lorenz, Orthopäde
Fritz Luckhardt
Pf 209:C(1E)

Karl von Rokitansky, Pathologe
Ludwig Angerer
Pf 4330:C(1)

Theodor Billroth, Chirurg
Ludwig Angerer
Pf 287:C(4)

Ansicht der Universität von der Mölkerbastei über den Ring mit dem Liebenbergdenkmal, um 1900
233.157C

Ansicht der Mariahilfer Linie, um 1840
Kolorierte Lithografie von Johann Baptist Clarot
nach einer Zeichnung von Joseph Gerstmayer
KAR0500268

Linienamt in der Schönbrunner Straße 139, 1902
August Stauda
ST 1160F

Abtragung des Linienwalls bei der Belvedere-Linie, Februar 1894
Aquarell von Alois Lahoda
D 53.068B

Kinder spielen am Linienwall, um 1900
Österreichische Lichtbildstelle
L 21.152B

Parlament, Blick über die Fundamentierungsarbeiten Richtung Votivkirche
111.793C

Parlament in Bau. Übersicht in Richtung Votivkirche, November 1877
Hermann Heid
Pk 3003, 1181

Mark Twain, 1899
Atelier Adèle
Pf 7859:B(1)

Mark Twain fischt mit dem Federkiel aus einem
Bottich Wiener Themen für Novellen
Karikatur von Theo Zasche
Figaro, 23. Oktober 1897

„Wie auf Kommando brach nun ein derart wildes, rasendes und markerschütterndes Geschrei los, wie es auf diesem Planeten nicht mehr vernommen wurde, seit die Komantschen das letzte Mal eine weiße Siedlung um Mitternacht überfielen. Rufe der Linken, Gegenrufe der Rechten, explosionsartige Rufe auf einmal, von allen Seiten.“ (Mark Twain, *Turbulente Tage in Österreich,* 1898)

Badeni-Unruhen: Polizeieinsatz im Saal des Wiener Abgeordnetenhauses, 25. November 1897
Illustrirte Zeitung, 9. Dezember 1897

Erdarbeiten für den Stadtbahnbau bei der Franz-Joseph-Kaserne am heutigen Stubenring, 1895
85.564A(B)

Wienflussregulierung bei der Stubenbrücke, 2. Juni 1898
Österreichische Lichtbildstelle
L 25737-B

Wienflussregulierung und Bau der Stadtbahn
im Abschnitt Lothringerstraße, um 1896
Georg Friedl
240.612G

„Wien im Jahre 1900."
Hans Jörgel, 1859

Secession vor der Fertigstellung, teilweise noch eingeplankt, 1898
Atelier Lechner/Müller
214.865D Pos

„Ein so hervorragender Platz, an der neuen glänzenden Wienzeile, die da erstehen wird, und was haben sie da hingebaut? Einen missratenen ägyptischen Tempel mit einer durchbrochenen Kuppel aus vergoldetem Blattwerk über den Pylonen und Glasgiebeldächern über den sonstigen heiligen Hallen.“ (Eduard Pötzl, 1901)

14. Ausstellung der Wiener Secession,
linker Seitensaal mit Beethoven-Fries von Gustav Klimt, 1902
Moritz Nähr
Pk 2539, 128

Ehemaliges Kriegsministerium im Stubenring
116.913 B/C

Straßenszene am Stubenring bei der Weiskirchnerstraße, Mai 1895
L 25524-B

Impressum

Diese Publikation erscheint anlässlich der Ausstellung
Wien wird Weltstadt. Die Ringstraße und ihre Zeit
im Prunksaal der Österreichischen Nationalbibliothek
vom 21. Mai bis 1. November 2015

www.onb.ac.at

Kuratorin: Michaela Pfundner
Kommunikation und Marketing: Thomas Zauner, Sven Hartwig
Ausstellungsorganisation: Yvonne Benedik, Sonja Hotwagner
Sponsoring: Doris Pommerening
Scans: Norbert Czibula
Konservatorische Vorbereitung: Institut für Restaurierung der Österreichischen Nationalbibliothek, Uta Landwehr, Helmut Molacek, Breda Susa Varvasovszky, Veronika Schubert
Grafisches Konzept, Gestaltung und Satz: Stephan Lindner
Lektorat: Sandra Steindl
Bildnachweis: Österreichische Nationalbibliothek
Coverfoto: Blick von der Ringstraße Richtung Kärntner Straße, links die Oper, um 1890

Mit freundlicher Unterstützung von

WIENER STÄDTISCHE VERSICHERUNGSVEREIN

powered by PORR

donau VIENNA INSURANCE GROUP

Printed in the EU
ISBN 978-3-99300-217-6